LE MONASTÈRE
DES
FRÈRES NOIRS,
OU
L'ÉTENDARD DE LA MORT,

PUBLIÉ

PAR LE BON DE LAMOTHE-LANGON.

J'embrasse mon rival, mais c'est pour l'étouffer!
RACINE.

SECONDE ÉDITION.

TOME PREMIER.

PARIS.
CHEZ POLLET, LIBRAIRE,
RUE DU TEMPLE, N° 36, VIS-A-VIS LA RUE CHAPON.

1825.

LE MONASTÈRE

DES

FRÈRES NOIRS.

CATALOGUE

Des Romans publiés par l'Auteur du Monastère des Frères Noirs, qui se tronvent chez le même Libraire.

Clémence Isaure, 3 vol. in-12...........	publié en	1808.
Gabriel, ou le Fanatisme, 4 vol. in-12...	—	1809.
L'Ermite de la Tombe...................	—	1814.
Tête de Mort, ou la Croix du Cimetière de Saint-Adrien, 4 vol. in-12..........	—	1816.
Les Chevaliers du Temple, ou les Mystères de la Tour de Saint-Jean, 4 vol. in-12..	—	1819.
Maître Étienne, ou les Fermiers et les Châtelains, 4 vol. in-12..............	—	1819.
Jean de Procida, 4 vol. in-12...........	—	1820.
La Vampire, ou la Vierge de Hongrie, 4 vol. in-12.........................	—	1824.

IMPRIMERIE DE DAVID,
RUE DU FAUBOURG POISSONNIÈRE, N° 1.

Tom. I.

Loridan reconnut le fatal étendard de la mort!

LE MONASTÈRE
DES
FRÈRES NOIRS,
OU
L'ÉTENDARD DE LA MORT,

PUBLIÉ

PAR LE BON DE LAMOTHE-LANGON.

> J'embrasse mon rival, mais c'est pour l'étouffer!
>
> RACINE.

SECONDE ÉDITION.

TOME PREMIER.

PARIS.

CHEZ POLLET, LIBRAIRE,

RUE DU TEMPLE, N° 36, VIS-A-VIS LA RUE CHAPON.

1825.

DÉDICACE

A Mlle HYACINTHE G.... DE M...

Jusqu'a ce jour je n'ai rendu
Qu'à la beauté mon pur hommage;
Et, phénomène assez rare en notre âge,
A nul pouvoir je ne me suis vendu :
D'un pareil cas, sans trop se faire accroire,
Il est permis de tirer quelque gloire,
Lorsque surtout un bien faible talent
Ne laisse point à l'orgueil insolent
Le droit de partager la place
Où de grands noms inscrits avec éclat
Brillent sur le nouveau Parnasse
Qui s'élève en colonne, et décore avec grâce
Le magasin de monsieur Ladvocat.
Français en tout, à l'honneur, à ma belle,
A mes sermens resté toujours fidèle,
D'un nœud nouveau craignant de me lier,
Si quelquefois je change de modèle,
J'aime à parer mon simple bouclier
D'un nom charmant qui sans cesse rappelle
L'heureux accord de tout ce qui séduit :
Vertus, beautés, dont l'attrait éblouit;

DÉDICACE.

Douce candeur, franchise naturelle,
Taille élégante, esprit par fois rêveur,
C'est vous alors, Hyacinthe, ô ma sœur!
C'est votre nom que je prends pour égide;
En lui tout mon pouvoir réside.
De ce MYSTÉRIEUX, de ce sombre roman,
Que Radcliff et son noir génie
Ont inspiré sans doute à ma folle manie,
Il doit être le talisman.

D. L. L.

PRÉFACE.

L'ESPRIT humain, en dépit des efforts qu'on veut tenter afin de le pousser vers la route du positif, aime à figurer dans le pays des chimères. Les contes de nos aïeules ont des charmes auxquels s'abandonnent les imaginations les moins exaltées ; et, par suite, en dépit de l'anathème que lancent maints censeurs contre le genre du roman à *mystères* ou à *merveilles*, il est encore celui qui trouve un plus grand nombre de lecteurs. La réalité, en général, est peu gracieuse; les jouissances qu'elle nous procure manquent à tel point de vivacité, qu'on ne peut trouver étrange, si, pour y suppléer, nous nous jetons au milieu des illusions agréables ou attachantes, destinées à nous faire oublier nos chagrins permanens, ou nos inquiétudes momentanées. Des sensations fortes sont également nécessaires après les agitations politiques. On ne peut, tout d'un coup, passer au calme complet d'une vie ordinaire; et l'âme vivement émue a besoin, pour revenir à son état habituel, de porter son attention sur des ouvrages qui remplacent, en apparence, la tourmente qui vient de finir. A la suite du regne exécrable de la terreur, quand la France entière échappait à la hache du crime, les romans de Lewis, d'Anne Radcliff, etc., furent recherchés avec avidité. Les événemens de 1814 et

1815, remettant les opinions en présence, et portant, de nouveau, de pénibles sentimens dans les cœurs, rendirent nécessaire le même genre de lecture. Alors parurent aussi les écrits intéressans de *Jean Mayard*, de *Melmoth*, de *Frankheintein*, de *Han d'Islande*, *etc.*, tous goûtés du public, qui les parcourait avec avidité. A la même époque, nous osâmes essayer de crayonner de pareils tableaux; et le goût du temps l'emporta, sans doute, sur les défauts de nos œuvres, qui obtinrent un succès peu mérité. L'*Hermite de la Tombe*, *Tête de Mort*, *les Mystères de la Tour de Saint-Jean* eurent aussi plusieurs éditions ; et voici, en moins de quatre mois, la seconde du *Monastère des Frères Noirs*. Il est vrai que les temps ont changé, et que les idées entièrement *désassombries*, doivent se tourner vers de plus rians objets. La concorde et la paix qui pour nous renaissent avec le nouveau règne, semblent rendre moins nécessaires des lectures pareilles à celles de notre roman. Nous espérons néanmoins qu'au milieu de la félicité publique, il restera aux amateurs du *Mystérieux* quelque désir de reprendre, par intervalle, ce qui les intéressa autrefois.

L'ÉTENDARD

DE LA MORT.

CHAPITRE PREMIER.

Les sons d'une musique mélodieuse retentissaient dans les vastes appartemens du château d'Altanéro, situé sur la côte occidentale de la Sicile, à une distance à peu près égale des côtes de Messine et de Palerme; depuis long temps le soleil s'était caché derrière la mer d'Espagne, une profonde obscurité couvrait les cieux; mais des milliers de flambeaux et de lampes élégamment décorées donnaient à l'intérieur d'Altanéro une vive clarté, qui l'eût disputé à celle du plus beau jour ; partout, dans le château, la joie éclatait en cent manières ; les vassaux, les valets, les écuyers, les pages du noble baron, marquis Lorédan de Francavilla, buvaient, riaient, dansaient tour à tour, et faisaient les honneurs du lieu à une foule attirée pour prendre part à la fête.

De riches tapisseries tissues d'or et de soie, des guirlandes de feuillages et de fleurs odorantes, des étendards blasonnés de diverses couleurs, des vases d'albâtre garnis d'arbustes rares, des cassolettes, d'où s'échappaient de suaves parfums, se réunissaient pour embellir les salles principales; celle du festin s'ouvrait sur une galerie décorée par des colonnes de porphire, et donnant sur la mer; là une table immense était dressée et couverte des mets les plus rares fournis par les forêts voisines ou par les profondeurs de la Méditerranée; les vins de France, ceux de Grèce, coulaient avec profusion dans des coupes d'or ou d'argent, dont la matière le cédait en richesse au talent de celui qui les avait ciselées; des cariatides supportaient une tribune dans laquelle étaient placés un grand nombre de musiciens qui, par des concerts séduisans, ajoutaient au charme de la fête.

Plus de trente chevaliers ou hauts barons s'étaient assis à la table du marquis Lorédan, et tous le proclamaient le plus généreux comme le plus aimable de la contrée; on se plaisait à rendre justice à son mérite, à sa bravoure éprouvée; et les grâces de sa personne, sa taille dégagée, ses noirs cheveux bouclés, son oeil brillant, achevaient de le rendre cher aux dames, comme ses qualités le faisaient adorer de ses amis.

Depuis le commencement du repas la conversation avait été générale; peu à peu on se rapprocha plus de son voisin, et les causeries particulières commencèrent.

— « Je crois, dit le sire Dorvilla, à son compagnon le plus proche, le chevalier Impériali, que nous avons vu rarement une fête plus belle que celle-ci ?

— » Vous pourriez mieux voir encore, lui répondit le chevalier, car notre hôte, en tout magnifique, cherchera à se surpasser sans doute dans celles qui suivront son mariage avec la belle Ambrosia, cette fille si vantée du duc de Ferrandino. — Ainsi, reprit le premier interlocuteur, cette union est décidée — Oui, depuis un mois; ne le saviez-vous pas? — Non certes, je n'en avais entendu que très-imparfaitement parler : j'arrive de France, et j'ignore ce qui s'est passé durant mon absence. En vérité, il y a des êtres bien favorisés du ciel; Lorédan en est le premier exemple; la fortune lui sourit de toute manière; il a la faveur du monarque, l'amour de sa belle, la confiance de tous nos chevaliers, et, pour surcroît de bonheur, sa fortune déjà immense vient d'être augmentée par le don qui lui a été fait de ce superbe château et des terres considérables qui l'environnent. — Eh bien! signor, répliqua Impériali, vous douteriez-vous que le seul nuage, troublant cette suite de prospérités, naît précisément de ce don qui ajoute tant à ses richesses. — J'avoue que la chose me paraît singulière, et je serais curieux d'en être éclairci. — Peu de mots me suffiront pour vous contenter; on ne nous écoute pas; je puis donc vous apprendre ce que vous désirez savoir.

Dès leur première enfance, une tendre amitié unissait Lorédan et Ferdinand, baron de Valvano, frère de mère du prince Luiggi de Montaltière; celui-ci, plus âgé que Ferdinand et Lorédan de quelques années, se mit cependant en tiers dans ce délicieux sentiment. Bientôt Lorédan ignora qui lui était le plus attaché des deux frères, et lui-même aurait eu peine à choisir entre eux le plus cher de ses amis; les ans, loin d'apporter quelque diminution à ce pur sentiment, n'ont fait au contraire que lui donner une nouvelle force; les trois *inséparables*, comme on a coutume de le dire, ont toujours vécu ensemble, se servant mutuellement d'appui, plus puissans par leur nombre, et tendant tous au même but, en s'étayant de leur crédit. On les a vus parvenir, à une époque non encore avancée de la vie, au rang et à la considération qui ne sont ordinairement la récompense que de longs travaux ou de brillans services; mais parmi eux la fortune a jeté un œil plus favorable sur le marquis de Francavilla, et elle s'est plu à le combler de ses faveurs; il a su captiver l'amitié de notre souverain; il a par sa vaillance acquis l'estime de nos généraux, et ses qualités aimables l'ont fait préférer par le duc de Ferrandino aux nombreux concurrens qui se disputaient la main de sa fille. Tout souriait donc à Lorédan:

heureux à la cour, heureux en amitié, il allait l'être encore par un hymen de son choix, lorsque la providence a voulu le frapper dans l'endroit le plus sensible de son cœur.

» Ferdinand de Valvano est depuis plusieurs mois absent de la Sicile; on dit que, conduit par le dessein pieux d'aller visiter le sacré tombeau de notre Dieu, et par les ordres secrets de notre monarque, qui lui a donné une mission pour le prince de Chypres, ce jeune homme a tourné ses pas vers la terre sainte. Un mystère profond couvre la cause réelle de ce voyage, et tout nous porte à croire que Lorédan n'en est pas même informé; dès lors son ame ardente se livre à de pénibles soucis qui le tourmentent; mais ce chagrin n'était pas assez fort peut-être; la destinée lui en a réservé un plus cuisant.

» Il y a environ un mois que le prince de Montaltière disparut de son palais; on demeura plusieurs jours incertain sur la cause réelle de cette subite disparition ; et déjà on se livrait à d'étranges conjectures, lorsque Lorédan reçut une lettre de son ami Luiggi, qui lui mandait que, lassé du monde dans lequel il n'avait trouvé que de l'amitié véritable, il allait chercher dans la solitude un asile contre le dégoût auquel il était en proie; qu'on devait, pour lui plaire, éviter toutes les recherches ; que peut-être il ne reparaîtrait plus aux yeux de ceux qu'il chérissait, et qu'il leur demandait enfin pardon de les avoir abandonnés sans les prévenir de son dessein. A cette lettre était joint un acte par lequel le prince faisait don à Lorédan du château d'Altanéro où nous nous trouvons actuellement ; il cédait à son frère Ferdinand tous ses autres biens en Sicile qui lui venaient de sa mère; mais il n'a pas disposé de ses domaines paternels, bien autrement considérables, et qui sont situés dans la Calabre, les Apennins et le reste de l'Italie.

» Ce double événement a causé à Francavilla une douleur véritable ; il a voulu retarder de quelques jours la cérémonie de son mariage ; car malgré la prière de Luiggi de le laisser tranquille, Lorédan a mis tout son monde en mouvement pour découvrir où il pouvait être caché. Ses recherches ont été infructueuses, et jusqu'à présent la retraite des deux frères est inconnue à leur ami le plus cher.

» Lorédan voulait refuser le présent que lui faisait Montaltière, mais toute la famille de celui-ci s'est élevée contre un désintéressement qui lui a paru un outrage. Francavilla s'est vu contraint d'accepter le magnifique château, et il est venu aujourd'hui en prendre possession, suivant l'usage auquel il ne lui a pas été libre de se soustraire. Voilà, signor, le motif de la fête dont nous sommes charmés, et la cause de cette sombre douleur qui semble tourmenter notre noble et magnifique hôte. »

Dorvilla avait écouté avec une extrême attention la narration que venait de lui faire l'illustre Impériali ; et, tout en le remerciant de sa complaisance, il convint avec lui que le bonheur de l'homme n'est jamais parfait ; et souvent, dit-il, les peines les plus cuisantes lui viennent des plus douces affections de son cœur. En achevant ces paroles, un profond soupir s'échappa de ses lèvres, et Impériali ne douta pas que le signor n'eût à se plaindre, ou de l'amour, ou de l'amitié.

Cependant, plus le festin avançait, plus la joie devenait vive ; les gais propos de table, les chansonnettes amoureuses se mêlaient au son des instrumens, et déjà la fumée des vins exquis, qu'on servait à profusion, commencait à troubler plus d'une tête. Un chevalier distingué, le baron Contaréno, ayant rempli sa coupe d'une liqueur admirable par son goût et sa belle couleur pourprée, la porta en avant, et, regardant tous les convives : « Nous séparerons-nous, dit-il, sans avoir bu à la santé du maître de cette demeure hospitalière? » Il achève; chacun remplit à la hâte sa coupe, lorsqu'une profonde tristesse se peint sur les traits de Lorédan; une larme s'échappe de ses yeux. A son tour, il se lève : « Oui, dit-il d'une voix tremblante, buvons au maître de ce château, mais buvons à son maître véritable. Puisse Luiggi, prince de Montaltière, nous être bientôt rendu! puissé-je le ramener dans cette demeure, dont je ne me regarde que comme l'usufruitier. »

Ce discours, dicté par la douleur la mieux sentie, frappe tous ceux qui l'ont entendu. Un profond silence succède à la joie universelle, et Contaréno s'accuse d'avoir réveillé un profond chagrin. Cependant le vin circule; chacun boit, et porte, ainsi que Lorédan le désire, la santé de Luiggi; et toutes les voix en même temps s'élèvent pour souhaiter une longue vie et une suite nombreuse de prospérités à trois amis proclamés universellement être dignes de ce beau titre.

Francavilla ne tarde pas à s'apercevoir que son discours mélancolique a jeté du sombre parmi l'assemblée; il cherche à y ramener la joie : « Chevaliers, dit-il, trente jours encore doivent s'écouler avant celui qui nous rassemblera à cette même table; j'ose me flatter que tous ceux dont aujourd'hui je suis entouré, voudront bien m'accompagner à l'autel, pour être les témoins de mon union avec Ambrosia de Ferrandino; je serais fâché si l'un de vous ne répondait pas à mon invitation, ou manquait à l'appel que je ferai avant l'imposante cérémonie. »

Cette invitation fut accueillie comme elle devait l'être; chacun l'accepta avec empressement. Le baron Contaréno, cherchant à réparer sa faute involontaire, dit que la foule des assistans serait immense si tous les amis de Lorédan s'y réunissaient. « Sans doute, dit en riant le jeune Grimani, que Francavilla, dans ses amis, ne place pas tous ses voisins; car il pourrait dans ce cas se trouver, lui et nous, en bien mauvaise compagnie; je crois que son château d'Altanéro n'est pas loin de ces bois qui s'étendent jusqu'aux pieds de l'Etna, et là, dit-on, se rassemble une redoutable confrérie, dont le nom est même un objet de terreur. — Vous devez croire, Grimani, répliqua Lorédan à son tour, que j'ai peu de rapports avec les *Frères Noirs;* car n'est-ce pas ainsi qu'on appelle ces hommes extraordinaires qui répandent l'épouvante dans ce canton? — Il serait convenable, répliqua Grimani, que nous sussions à quoi nous en tenir sur ces mystérieux personnages; et nous, dont les possessions sont les plus rapprochées de leur retraite, nous devrions, un beau matin, aller les visiter tous ensemble. — Vous voilà bien toujours le même, jeune imprudent, dit le marquis de Mazini, oncle de l'interlocuteur; n'en avez-vous pas assez de toutes les mauvaises querelles que votre folle tête vous suscite tous les jours, sans vouloir encore vous aller quérir de nouveaux embarras. Ces *Frères Noirs* sont plus puissans que vous ne croyez peut-être; leur nombre est considérable, leur accord redoutable; ceux qui, insensés comme vous, se sont mêlés de leurs affaires s'en sont mal trouvés; je pourrais vous en raconter plusieurs histoires; elles serviraient à vous prouver qu'on ne doit pas s'attaquer à ceux qu'on ne connait pas, surtout lorsqu'ils ont à leur disposition le secours des puissances infernales. »

Ce propos, prononcé d'une voix lente, mais solennelle, produisit son effet chez des hommes les plus superstitieux du monde. Les prodiges les plus étonnans paraissent rentrer dans l'ordre naturel des choses aux yeux des Siciliens. Plus d'un, en écoutant le marquis Mazini, frémit dans son cœur à la pensée de s'attirer l'indignation des Frères Noirs.

Cette conversation remplissait mal les

intentions de Lorédan; il voyait plus que jamais la mélancolie s'emparer peu à peu de ses nobles convives. Il ordonna qu'on apportât un autre service et de nouveaux vins; tous les domestiques sortirent à la fois pour aller remplir ses intentions; les chevaliers se trouvèrent seuls dans la salle. En ce moment une porte, qui donnait sur un escalier conduisant hors des murailles sur le bord de la mer, s'ouvrit avec un fracas inexprimable; une troupe nombreuse de brigands, tous masqués et le cimeterre au poing, se précipitent dans la salle, et avant que les chevaliers, surpris de cette attaque inopinée aient pu se lever et se mettre en défense, ils sont saisis chacun par deux brigands qui les retiennent fortement sur leurs siéges; quelques hommes s'emparent en même temps de la porte principale, de celles qui donnent dans les divers appartemens du château, et d'autres vont contenir les musiciens effrayés de se trouver à une fête pareille.

Quand ces dispositions sont prises, on voit cinq individus, couverts d'une longue robe noire ceinte par une ample ceinture rouge, s'avançer de Lorédan; l'un d'entre eux se détache : « A toi, lui dit-il d'une voix sépulchrale, à toi, marquis de Francavilla! Tes jours, jusques à cet instant s'écoulèrent purs et sans nuage; cette prospérité a pu t'éblouir; elle vient d'avoir son terme : de longues, d'affreuses infortunes vont se déclarer pour toi. Un ennemi nouveau, un ennemi implacable a juré de te poursuivre, de déchirer ton cœur, et de t'anéantir quand tu auras épuisé goutte à goutte la coupe de la colère et du malheur. A toi, marquis de Francavilla, à toi! regarde cet étendard que ma main déploie, chaque fois qu'il frappera tes regards, attends-toi à une souffrance cruelle. Ainsi parle ce barbare inconnu, et sa main, par cinq fois, agite un étendard rouge, chargé de cinq têtes de mort de velours noir, posées sur des ossemens en sautoir; à chaque fois que le sinistre étendard est balancé, les brigands frappent leurs glaives les uns contre les autres en répétant d'une voix lugubre : *A toi, marquis de Francavilla, à toi!*

Cette brusque apparition, ces paroles sinistres, plongèrent tous ceux qui les entendirent dans un morne effroi. Lorédan lui-même, malgré son courage, sentit une secrète terreur pénétrer dans son âme, et sa pensée rapide chercha à deviner le nom de l'ennemi qui employait, pour révéler son existence, des moyens aussi extraordinaires; mais il ne put le découvrir. Jamais Lorédan n'avait rencontré dans le monde un regard de haine; on l'avait aimé malgré sa faveur auprès du souverain; et ses efforts, pour connaître son nouvel adversaire, ne furent pas couronnés du succès.

Presqu'après la dernière proclamation qui fut faite, les cinq personnages, entourant le drapeau funèbre, se retirèrent par la porte qui leur avait donné entrée. Après leur retraite, les brigands qui retenaient les convives s'éloignèrent aussi spontanément; la même issue qui les avait vomis les reçut dans son sein, et le dernier ferma solidement la porte qui, outre son énorme épaisseur, était encore revêtue d'une double plaque de fer.

Les chevaliers, charmés de se voir délivrés de ces compagnons fâcheux, ne songèrent pas, dans le premier moment, à les poursuivre; ce ne fut qu'au bout d'un peu de temps que, revenus de leur surprise, ils coururent tous, l'épée à la main, vers la porte; elle était trop solidement fermée; les écuyers, d'une autre part, arrivant en escortant les les plats du dernier service, furent instruits de ce qui venait de se passer; ils se hâtèrent de ressortir en criant aux armes. Tous à la fois les soldats revêtirent leurs casques et leurs cuirasses; la cloche d'alarmesonna à carillon redoublé, tandis qu'on cherchait à enfoncer la porte fatale. En ce moment Lorédan se rappela que le salon du festin s'ouvrait sur une galerie donnant vers la mer; il s'empressa d'y courir avec ses convives, et la sombre clarté des étoiles, et les rayons de la lune nouvelle leur laissèrent apercevoir plusieurs barques emmenant loin du rivage les brigands dont la présence avait causé une si légitime terreur.

Vainement Francavilla, essayant de déguiser le trouble de son âme, voulut engager les chevaliers à se remettre à table; ils s'y refusèrent tous, préférant sortir du château en troupe pour en aller visiter les environs. On s'arma, on fit allumer des flambeaux, et, suivi des soldats de la garde du château, on parcourut la campagne voisine et les bords de la mer. Mais on multiplia sans résultat les recherches; tous les brigands avaient disparu; on ne fut même pas plus heureux en voulant trouver l'entrée du conduit qui leur avait donné issue dans le château; de toutes parts, d'énormes rochers battus des flots se présentèrent; il fallut, de ce côté, renoncer à satisfaire sa curiosité.

Mais Lorédan ne voulait point qu'une pareille entreprise se renouvelât; voyant que, sur ce côté, toute découverte était impossible, il s'attacha à faire sauter la porte de fer, et la trouvant inébranlable sur ses gonds, et appuyée sans doute par d'énormes verroux, il prit le parti de faire démolir une portion de la muraille, ce qui eut lieu avec plus de facilité. Le jour survint pendant ce travail; on découvrit, quand la porte eut été abattue, un large escalier de pierre taillé dans le roc, descendant jusqu'à la mer, et caché de ce côté par une masse énorme de pierre qui, jouant sur un pivot, rendait l'entrée et la sortie facile à ceux à qui ce secret était connu. Francavilla jura que désormais personne ne se servirait de cette issue, il donna ses ordres en conséquence; et, sur le champ, on combla ce souterrain avec de grands quartiers de rochers solidement maçonnés; la muraille fut continuée jusqu'à celle du salon, et plus d'une semaine se passa avant la fin de cet ouvrage.

Les chevaliers invités à la prise de possession du château d'Altanéro, n'attendirent pas ce moment pour se retirer; impatiens chacun de retourner dans leurs familles, ils prirent congé le lendemain du marquis Lorédan; tous l'assurèrent de leur amitié constante, et lui promirent de voler à son secours, si par hasard il était attaqué à force ouverte par cet ennemi dangereux, qui ne craignait pas de le provoquer.

CHAPITRE II.

Il ne resta au château que le jeune Grimani, et le marquis Mazini, son oncle; tous deux parens de Francavilla, ils ne voulurent pas se séparer de lui en cette conjoncture. Ils lui aidèrent à visiter avec soin l'intérieur d'Altanéro, à préparer les moyens de résistance si une nouvelle tentative avait lieu; et, comme c'était dans ce château que le mariage de Lorédan devait se célébrer, il crut ne devoir rien négliger pour que la cérémonie ne pût être désagréablement troublée.

Le soir on se réunit dans la salle à manger. Grimani était moins riant, et le marquis avait pris une teinte plus forte de gravité; le repas avait lieu silencieusement. Francavilla, malgré sa disposition à la taciturnité, prit sur lui de chercher à animer une conversation à chaque moment expirante.

« Hé bien, Grimani, dit-il à son cousin, que pensez-vous de notre aventure de la nuit précédente? Ne vous est-il pas venu dans la pensée que ces frères noirs, dont vous nous parliez, étaient ceux dont nous avons reçu une si étrange visite? — S'il faut vous dire mon idée, répliqua Grimani, je l'ai cru comme vous, et j'ai été honteux d'avoir été, peut-être, par mes propos, la cause première de leur arrivée. — Certes, mon cousin, si cela était, la chose me paraîtrait bien surprenante, et je ne douterais plus de leur commerce avec les esprits infernaux, puisque dans aussi peu de temps ils se seraient transportés, de leur monastère *de la forêt sombre*, dans les souterrains de mon château. — On a vu, dit solennellement le marquis Mazini, des choses plus extraordinaires encore. -- Mon Dieu, mon oncle, répondit Grimani, vous avez une façon de vous exprimer si étrange, j'ose dire si effrayante, qu'on dirait, à vous entendre, que les mauvais esprits vous ont mis dans la confidence de leurs secrets; et néanmoins je ne puis vous croire qu'un très-parfait chrétien. »

Cette saillie fit sourire Lorédan; pour le marquis, il ne perdit pas son flegme imperturbable. « Jeune homme, dit-il d'un ton plus imposant, jeune homme, vous parlez comme quelqu'un qui entre dans la vie; votre langage sera changé lorsque vous aurez pris ma place, et que moi j'aurai été chercher la mienne dans la dernière demeure de nos aïeux. — Tenez, mon oncle, permettez-moi de vous le dire, je ne passe pas pour un lâche, et je l'ai prouvé dans vingt rencontres; eh bien, quand je vous entends me parler ainsi, un frisson rapide me parcourt des pieds à la tête, et je m'attends toujours à voir s'élever entre nous deux une apparition épouvantable. »

Le marquis ne répondit pas à ce propos, mais s'adressant à Lorédan, il lui demanda s'il avait reçu des nouvelles de Palerme, venant de la part de son aimable fiancée. « C'est un bonheur que je me procure tous les jours, dit Francavilla; un messager exact vient m'instruire de ce que fait mon Ambrosina, et sans lui, je supporterais impatiemment son absence; mais néanmoins je ne prolongerai pas long-temps un éloignement qui me devient insupportable. Dès que les préparatifs de mon mariage seront terminés, je me hâterai de revenir à Palerme; j'espère que tous les deux vous voudrez m'y accompagner; vous remplacerez près de moi les amis si chers qui me manquent, et laissent dans mon cœur un vide si difficile à remplir. — Ainsi, dit Grimani, dont l'indiscrétion n'était pas fâchée de trouver un prétexte de causerie sur ce sujet, vos recherches ont donc été toutes infructueuses, et nulle nouvelle ne vous est parvenue au sujet de la disparition de vos amis.

» Jusqu'à ce jour, répliqua Lorédan, mes opiniâtres recherches n'ont produit aucun résultat ; mes amis, ou plutôt mes frères, ont échappé à mon attachement, et je dois renoncer au plaisir d'être en repos sur leur compte jusqu'au moment où eux-mêmes jugeront convenable de mettre un terme à ma douleur. — Marquis Lorédan, dit Mazini, permettez-moi une conjecture : l'absence de vos amis ne serait-elle pas le premier acte de la vengeance de l'ennemi qui naguère s'est déclaré contre vous? — J'embrasserais avec vivacité cette idée, répondit Francavilla, si la lettre du prince Montaltière n'annonçait pas une résolution réfléchie et prise depuis long-temps; non la cause de la retraite de Luiggi m'est entièrement étrangère, je lui ai toujours connu un violent penchant pour la solitude : rarement il se mêlait à nos jeux, lorsque nous nous livrions, Ferdinand, son frère et moi, à la gaîté de notre caractère; il aimait à se promener seul; les lieux les plus déserts étaient ceux où il se plaisait de préférence. Dois-je alors m'étonner que, dégoûté du monde par un motif inconnu, il ait saisi cette circonstance pour obéir à sa secrète inclination. — Mais du moins, signor, repartit Grimani, n'en pouviez-vous dire autant de Ferdinand? celui-là préférait par dessus tout la cour et les plaisirs qu'elle procurait, et je ne pense pas que le chagrin ait encore triomphé dans son ame joviale. Assurément non, ce n'est pas la tristesse qui aura fait un hermite de mon cher Valvano; aussi je penche plutôt à croire que, chargé par notre souverain d'une mission importante, le devoir a imposé silence à son amitié, et que le mystère de son voyage doit être attribué à la mission délicate dont on l'aura chargé. — Oui, dit le marquis Mazini, on pense qu'il a été en ambassade vers le roi de Chypres; j'en ai entendu parler avant mon départ de Pallerme. — Quoi qu'il en soit, répliqua Lorédan, je ne puis à ce sujet que faire comme vous des conjectures, puisque la vérité ne m'est pas connue. Hélas! pourquoi faut-il que je paraisse à l'autel sans être accompagné de ces deux amis dont la présence eut complété ma félicité. » Là, la conversation prit fin; Mazini et son neveu se retirèrent, et Lorédan demeura seul. La nuit était déjà avancée, et l'heure de la retraite depuis long-temps sonnée; le marquis, enseveli dans ses pensées, ne songeait point à aller chercher le repos; l'idée de sa prochaine union avec Ambrosina l'occupait délicieusement, lorsque ses yeux errant au hasard sur la tapisserie, crurent y voir s'agiter le sinistre étendard de la mort, que naguère lui avaient présenté les émissaires de son ennemi. Surpris d'une vue pareille, il porta ses mains sur ses paupières, comme pour mieux assurer ses regards; puis en examinant avec attention la partie de la salle vers laquelle il avait cru voir l'apparition, il s'aperçut que son imagination était seule coupable, car le drapeau ne se montra plus. En cet instant, l'horloge du château sonna trois heures de la nuit ; les sentinelles s'appelèrent réciproquement, et leurs voix, parvenant jusqu'à Francavilla, lui apprirent, à sa satisfaction, qu'il n'était pas le seul à veiller dans Altanéro.

Il songea également qu'il était temps d'aller chercher le sommeil, et il prit le chemin de sa chambre, la lampe à la main ; comme il traversait un long corridor, il lui sembla entendre auprès de lui le bruit léger d'une marche qu'on cherche à rendre secrète : il s'arrête.... Soudain un bras ensanglanté passe rapidement devant lui, et, lui arrachant sa lampe, la jette à terre ; tout aussitôt, au fond du corridor, une flamme rapide s'élève ; en se dissipant elle laisse voir écrit, en lettres de feu, sur la muraille : *A toi, marquis Francavilla ! à toi !* L'étonnement et la terreur enchaînèrent tout à la fois ses pieds et sa voix; cependant la réflexion venant à son secours, il recula d'un pas en arrière, et tirant précipitamment son épée, il en frappa l'air autour de lui; mais tout était silencieux et calme; les caractères lumineux ne tardèrent à s'évanouir, et Lorédan comprit que si on en avait voulu à sa vie on eût pu facilement la lui ôter. Il songea alors à appeler ses gens; tous dormaient dans le vestibule, et ce fut avec peine qu'il parvint à les réveiller; sa prudence ne lui permit pas de leur apprendre ce qui venait de se passer; il comprit que son ennemi avait dans le château de secrètes intelligences, et il se promit de le mieux examiner. On doit croire que le repos ne le tira pas de ses rêveries; il ne chercha dans son lit que le délassement; et l'aurore naissante fut saluée par lui. Les premières clartés du jour le charmèrent; elles raffraîchirent ses esprits agités par l'événement bizarre de la nuit dernière, et que vainement il s'efforçait d'expliquer.

Voulant essayer de se distraire par le spectacle du réveil de la nature, il ouvrit les fenêtres de sa chambre : elles donnaient sur un large balcon ; le riche paysage qui se découvrait de ce lieu était d'une magnificence remarquable ; le balcon faisait face à l'orient : sous les murailles du château coulait une petite rivière alimentant les fossés des remparts ; elle était plantée, sur ses bords, de saules, de sycomores et d'élégans peupliers ; plus loin, au milieu d'une immense prairie, serpentait une route couverte en ce moment des laboureurs, des bergers, qui allaient commencer leurs travaux champêtres ; à la suite venait un agréable mélange de champs couverts de riches moissons, de vignes dont les pampres serpentaient autour des arbres fruitiers ; là, sur des coteaux s'élevaient l'olivier et l'oranger aux fruits d'or ; dans la perspective, était une vaste forêt dont l'immensité et les ténèbres la rendaient redoutable à ceux qui la traversaient ; long-temps les brigands en avaient infesté l'enceinte ; mais à leur tour ils en furent chassés par cette association mystérieuse, par les Frères de la Mort, dont plus tard nous parlerons avec plus de détail ; enfin par-delà ces bois touffus et à une grande distance, montait vers le ciel, comme un énorme géant, l'Etna, ce volcan terrible, vomissant des nuages de fumée ou des flammes menaçantes. Cette montagne, funeste dans sa partie inférieure, était couverte d'une vigoureuse végétation; plus haut, les glaces paraissaient, et au milieu des neiges éternelles s'ouvrait la bouche énorme d'un cratère sans cesse embrâsé.

Tel était le spectacle que le marquis Francavilla pouvait admirer; en face de lui, à droite, à gauche, les sinuosités du terrain lui permettaient de jeter ses regards sur la mer de Sardaigne; et en ce moment plusieurs voiles sillonnaient les flots et animaient la beauté de ce ravissant paysage; le plaisir de le contempler à l'heure où des flots de lumières jaillissaient du firmament, lui fit oublier d'abord tout ce que la nuit dernière avait eu pour lui de funeste; il en eut perdu peut-être entièrement le souvenir, lorsqu'à peu de distance, une voix mélodieuse se fit entendre, et les paroles suivantes furent chantées :

Sur un char de pourpre et d'opale,
L'aurore monte en souriant,
Et sa couronne triomphale
Brille du plus pur Orient.
Heure charmante où la nature
S'échappe aux ombres de la nuit,
Où je retrouve la verdure,
Où la rose s'épanouit.

En entendant ce premier couplet, Lorédan demeura immobile; la personne qui chantait paraissait être une femme, et le goût parfait avec lequel elle s'exprimait, prouvait facilement que ce n'était point parmi le vulgaire que l'on devait aller chercher sa place; et Lorédan, ne la voyant pas, éprouvait déjà une vive curiosité de la connaître; elle ne tarda pas à continuer sa romance, dont le second couplet fournit à notre héros une ample matière à ses réflexions.

Heure plus agréable encore,
Pour l'être victime du sort
Qu'un souvenir affreux dévore,
Et qui vit l'étendard de mort.
Un pénible tourment l'agite.
Pour rendre à son cœur atristé
La paix qu'il cherche et qui l'évite,
Il a besoin de la clarté.

Certes, en écoutant ces paroles bizarres, et qui semblaient s'adresser si bien à lui, Francavilla, nous ne craignons pas de le dire, éprouva un tout autre sentiment; s'avançant en dehors du balcon, autant qu'il put le faire, il prolongea, tant sous les murs du château qu'à travers les arbres dont le cours de la petite rivière était bordé, son regard inquisiteur; mais il ne put apercevoir la musicienne, et son chagrin en fut complet; il tremblait qu'elle s'éloignât sans plus se faire entendre : il se trompait; un moment de silence ayant succédé au second couplet on ne tarda pas à continuer la singulière romance :

Toi qu'afflige un si noir mystère,
Toi qui rêves en cet instant,
Apprends qu'un appui tutélaire,
Dans la sombre forêt t'attend.
Suis mes pas avec confiance;
Que craindrais-tu de la candeur?
Songes que par trop de prudence,
Souvent on a fait son malheur.

Ceci était trop directement adressé à Francavilla pour qu'il ne prît point cet avertissement pour lui. Ne pouvant commander à sa vivacité naturelle, il se mit à crier : « O vous! qui donnez un conseil semblable, montrez-vous, afin que je puisse apprécier si vous méritez cette confiance, réclamée d'une si impérieuse manière. » Dès que le marquis se fut exprimé ainsi, il vit, des bords du ruisseau, monter, par un sentier de la rive opposée, une jeune paysanne, parée avec une élégance peu commune parmi les filles de sa classe : ses beaux cheveux noirs séparés en plusieurs tresses au bout desquelles pendaient des glands pourpres et or, faisaient plusieurs fois le tour de sa tête, sur laquelle elle portait une corbeille de jonc remplie de plusieurs espèces de fleurs; un coup d'œil rapide permit à Lorédan d'admirer la taille élégante de la villageoise, et cette grâce touchante qui ajoute tant de prix à la beauté.

La jeune fille, étant montée sur le tertre, s'arrêta un instant, puis se tournant vers le château, elle montra à Francavilla son charmant visage, ses yeux brillans et doux, sa bouche fraîche et les roses légèrement nuancées de son sein; elle se tint un instant immobile, puis faisant un signe, dont le marquis pouvait apprécier le motif, elle continua sa route. Certes, on n'avait pu choisir un messager plus convenable pour engager Lorédan à venir au lieu où on désirait conférer avec lui. Il s'empressa de son côté à témoigner, par ses gestes, qu'il répondait à l'invitation qu'on venait de lui faire; et, se retirant de sa fenêtre, il prit ses armes, e courut sans plus attendre vers le pont levis du château.

Comme Francavilla descendait le granc escalier, il entendit quelqu'un couri après lui, et dont la marche était pe sante; il se tourna et reconnut le mar quis Mazini. « Sire Lorédan, lui dit ce lui-ci, où allez-vous donc avec tant d vîtesse, les charmes de la campagne vou engageraient-ils à aller la parcouri d'aussi bonne heure, ou plutôt, impru dent jeune homme, ne courez-vous pa vous livrer aux piéges que peut vou tendre votre ennemi?

Tout devait se réunir dans cette mat née pour provoquer la surprise de Lor dan; les paroles du vieux marquis l parurent singulièrement appliquées à circonstance, et trop directes pour n'êtı que l'effet du hasard; aussi Lorédan, l attribuant à ce que le marquis Mazi avait pu entendre la romance, et vu les signes de la paysanne, lui répliqua en souriant : « Si mon adversaire voulait n'employer désormais que les ministres dont il se sert en ce moment, je ne serais guère embarrassé de repousser ses attaques.—Ou plutôt, reprit Mazini, de vous y laisser prendre avec plus de facilité. Faut-il, Lorédan, que mon expérience vous rappelle le danger d'une aimable apparence, et n'avez-vous jamais vu en Sicile la vipère s'entortiller autour de la tige d'une anémone ou d'un lys superbe? —Je couviens que vous pouvez avoir raison, répondit Francavilla; cependant, y a-t-il un péril véritable à redouter? le jour brille dans tout son éclat, mes armes sont bonnes, je suis sur mes gardes, et difficilement je me laisserais surprendre.—Je n'élève point de doute sur votre valeur, mais que ferez-vous contre le nombre, l'audace, la ruse, et peut-être la magie. On veut vous parler dans la forêt sombre; et pourquoi celui qui peut vous donner un avis utile cherche-t-il à vous entraîner aussi loin de votre château ? ne pourrait-il pas venir lui-même vous apprendre les choses qui peuvent vous intéresser ? Si ses démarches sont surveillées, n'est-il pas, avec plus de raison, à craindre que les vôtres ne le soient également ? Non, mon neveu, croyez-moi, ne vous exposez pas au piége qu'on vous tend avec maladresse ; envoyez plutôt chercher, par vos gendarmes, cette jeune fille qui vous attend, et contraignez-la, par la force, à vous dévoiler une intrigue dont, sans doute, elle ne connaît elle-même que la plus faible partie.—Assurément, signor, dit Lorédan avec un mouvement de dépit, voilà un conseil que je me garderai bien de suivre ; je conviens avec vous que peut-être il y aurait de l'imprudence à m'enfoncer dans les profondeurs de la forêt, mais jamais je ne consentirai à arrêter cette jeune fille qui est innocente, je le parie ; car, rarement à son âge eston initié dans les complots d'une odieuse perfidie; si, comme moi, vous étiez en position de juger le singulier rapport de la romance avec les événemens qui ont frappé mes yeux avant la nuit précédente, et que je me plais à confier à votre amitié, vous parleriez différemment peut-être.

Lorédan alors raconte à Mazini les apparitions dernières, cet étendard qu'il avait cru revoir, cette main sanglante qui lui a arraché le flambeau, et les paroles écrites en caractères de feu, pareilles à celles prononcées par les brigands lors de leur entrée dans le château d'Altanéro.

Le marquis écouta attentivement ce récit en faisant, à diverses reprises, de fréquens signes de croix; et lorsque Francavilla eut cessé de parler, il s'empressa de prendre à son tour la parole: « Eh! quoi, imprudent jeune homme, c'est après de tels mystères que vous alliez vous livrer à ceux qui vous les faisaient retracer.

Pensez-vous qu'il existe d'autres individus connaissant les complots de vos ennemis, et qui cherchent à les faire échouer? ne voyez-vous pas clairement que, ne pouvant vous surprendre avec avantage dans les murs d'Altanéro, ils essaient de vous entraîner au dehors. Oui, sans doute, en ce moment, ils sont à vous attendre dans la forêt sombre: vous y seriez entré en vie, et on n'en eût ramené que votre cadavre. Je vous le répète, marquis Lorédan, donnez vos ordres pour vous rendre maître de la personne de leur émissaire. Ah! que je me sais bon gré d'avoir entendu la romance, et d'être venu à temps vous arracher au piége dans lequel elle se flattait de vous faire tomber!

Francavilla, malgré la sagesse des réflexions de Mazini, n'était pas encore décidé à s'y rendre entièrement; il allait lui proposer de le laisser courir seulement jusqu'au ruisseau pour y interroger la jeune fille, lorsque Grimani se présenta; il venait de l'extérieur de la forteresse, et sa figure annonçait de la surprise ; il était du reste vêtu en costume de chassseur et paraissait n'être rentré dans Altanéro que par une cause indépendante de sa volonté. Dès qu'il eut vu son oncle et son cousin, « Signor s'empressa-t-il de leur dire, je m'en veux beaucoup de n'être pas sorti mieux accompagné ; peut-être si j'eusse eu d'autre suite que celle de mes deux chiens, vous me verriez amener avec moi une jeune et belle fille arrachée à des misérables qui l'ont enlevée sous mes yeux. « Que dites-vous, Amédéo, s'écria Lorédan, bien convaincu que les paroles de Grimani se rapportaient à son inconnue, expliquez-vous mieux, car votre récit pique vivement ma curiosité ! »

Vous saurez, repliqua le jeune Amédéo (c'est ainsi que se nommait Grimani), que le matin, au point du jour, j'ai voulu aller à la guette d'un lièvre dont hier j'avais soupçonné le gîte ; aussi, dès que l'aube a brillé, je me suis fait ouvrir le pont-levis, et accompagné de ces deux excellentes bêtes.... Oh ! je vous déclare qu'elles n'ont pas leurs pareilles. Je n'ai pas voulu, l'an passé, les troquer contre le coureur du prince Castellamare, car vous saurez que je les tiens... — Amédéo, dit Francavilla en l'interrompant, je connais aussi bien que vous la généalogie de vos chiennes, et dans le moment vous m'obligerez fort de les laisser, pour me raconter votre aventure — Le signor a raison, ajouta le marquis Mazini ; je vous ai dit mille fois, mon neveu, combien les futilités sont peu séantes à votre âge ; vous devriez songer à vous corriger, et à ce sujet vous me permettrez de vous raconter l'histoire d'Anselmo, votre parent ; celui là comme vous... Pour cette fois, Loredan éprouva une bien plus inquiète impatience ; il savait la longueur des narrations de Mazini. « De grâce, lui dit-il ; mon oncle, vous connaissez combien il est important que Grimani promptement nous éclaircisse ; voulez-vous remettre à une autre fois les justes représentations que vous désirez lui faire, ce serait m'obliger, n'en doutez point. » Mazini, fâché de perdre une occasion si belle d'étaler son éloquence, ne répondit pas, et la parole fut à Grimani.

« J'allais, dit-il, à la chasse, lorsqu'à peu de distance du château, et comme je passais dans un chemin creux, je vis une jeune fille vêtue en paysanne, mais parée avec une rare élégance ; elle était accompagnée d'un homme d'un certain âge, dont le costume était supérieur à celui du commun des villageois, une haie me dérobait à eux, je pouvais les voir sans en être aperçu, et je m'arrêtai pour examiner à mon aise la tournure ravissante de cette belle fille. De son côté, elle suspendit pareillement sa marche : « Etes-vous lasse, lui dit son conducteur ? — Non, répliqua-t-elle avec un son de voix dont le timbre argentin fut jusqu'à mon cœur ; mais je crains de ne pas bien jouer mon rôle, et je voudrais le répéter. — La chose me semble inutile ; certes, vous avez assez de mémoire, et d'ailleurs je serai près de vous pour vous suggérer vos réponses dans le cas où l'on vous forcerait à parler. — Il est donc bien important, répliqua-t-elle, qu'il se rende dans la forêt? — Un seul mot pourra vous dire combien il a à perdre s'il se refusait à y venir ; il perdrait à-la-fois son honneur et sa vie. » A cet endroit du récit de Grimani, Lorédan frémit involontairement, et d'un coup d'œil rapide il interrogea le vieux Mazini. Celui-ci, levant les mains au ciel, se contenta de pousser un profond soupir, et par un geste, engagea Amédéo à poursuivre. « Ici, reprit-il, ainsi que vous pouvez le croire, ma curiosité redoubla ; j'eusse donné beaucoup pour entendre nommer la personne dont ils parlaient, ou tout au moins pour ouïr les suites de la conversation ;

mais je fus trompé des deux côtés; ils reprirent leur chemin, et moi je restai derrière le buisson qui me cachait, déterminé à les suivre de loin pour connaître le lieu où ils pouvaient se rendre. Mon désir sur ce point fut encore déçu. A quelques pas de là, le chemin se partageait en plusieurs sentiers, tous enfoncés sous d'épaisses voûtes de verdures, je ne pus reconnaître celui que les deux inconnus avaient pris, et j'ai passé une heure au moins à parcourir les lieux environnans, sans être plus heureux dans ma recherche. Dépité de l'inutilité de mes efforts, j'ai repris ma chasse, et durant quelque temps, je poursuivais le lièvre dont je vous ai parlé, quand un cri aigu a appelé mon attention; j'ai levé la tête, et j'ai vu ma jolie villageoise toute seule, se débatant contre six hommes porteurs d'une atroce physionomie et vêtus absolument comme ces misérables qui vinrent nous rendre visite le jour où vous prîtes possession du château d'Altanero. A l'aspect de cette action odieuse, j'ai voulu courir au secours de la pauvre persécutée; mais un maudit fossé qu'il m'a fallu franchir, a retardé mon élan : les coquins en ont profité, ils ont fait monter la paysanne sur un cheval; chacun avait le sien; et tous ensemble ont tourné vers la forêt sombre; il m'a bien fallu alors renoncer à l'espoir de les atteindre, et voyant l'inutilité de ma bonne volonté, je suis revenu, dans la pensée, que, partageant mon indignation, vous ordonneriez à vos gens de courir après les ravisseurs, et de les faire punir si, par hasard, on peut parvenir à les atteindre. »

A peine Amédéo avait-il achevé, que Loredan se hâta d'appeler le sénéchal du château; il lui commanda de prendre vingt hommes des plus résolus d'aller à leur tête battre l'estrade dans la forêt sombre, et de chercher à délivrer une jeune fille que des voleurs venaient d'emmener avec eux. A ces paroles, le sénéchal parut d'abord interdit ; il regarda Francavilla d'une façon extraordinaire. Cependant, s'étant incliné en signe d'obéissance, il fut exécuter l'ordre qui lui était donné.

CHAPITRE III.

Les diverses conversations que nous venons de rapporter avaient eu lieu sur l'escalier principal du château. Après que le sénéchal se fut éloigné, Mazini remontra à ses deux neveux qu'il était plus convenable de se rendre dans la grande salle, où l'on pourrait causer plus librement... Mais je ne vois pas, dit Grimani, ce que nous pouvons avoir de si secret à nous dire ; pour moi, je vous déclare ma résolution de me joindre aux soldoyers, (on appelait ainsi les soldats à cette époque), afin de les encourager dans leurs recherches, bien décidé à ne pas revenir au château, sans avoir eu des nouvelles de la belle villageoise. » A ce propos le vieux Marquis s'indigna; il voulut contrarier Amédéo; mais celui-ci, lui faisant une profonde révérence, sortit du salon, et passa dans son appartement. Dès qu'il se fut retiré, Lorédan s'adressant à son oncle... « Eh bien! seigneur, ne conviendrez-vous pas que vous vous trompiez dans vos conjectures, et devais-je repousser avec méfiance l'avis que cette inconnue voulait me donner. — Il est possible, répliqua Mazini, que cette fille n'ait pas eu de mauvaises intentions et qu'elle vous ait été adressée par un ami; mais vous avouerez, à votre tour, qu'une entrevue avec elle vous eût été néanmoins funeste; ses démarches étaient épiées, et au lieu de fondre sur elle, peut-être ses ravisseurs se fussent-ils emparés de votre personne. D'ailleurs, signor, je vous le répète, n'allez pas vous mêler des affaires qui peuvent intéres-

les frères noirs ou tout autre habitant de la forêt sombre; on ne peut jamais avoir qu'à s'en repentir. » Le Marquis ajouta beaucoup d'autres raisons à celles déjà mises par lui en avant, pour donner un nouveau cours aux idées de Francavilla, mais tout ce qu'il pouvait dire devenait inutile; Lorédan était décidé à se rendre dans la forêt, depuis que, par le récit d'Amédéo, il avait eu la certitude qu'un ami était caché dans les épaisseurs de ces voûtes verdoyantes. Cependant il ne crut pas devoir l'apprendre à son oncle, et se contenta de l'écouter en silence.

Grimani ne tarda pas à revenir; son impatience ne lui avait pas permis de donner à sa toilette le temps qu'il ne manquait pas de lui accorder ordinairement; aussi la plupart des nœuds qui serraient son armure n'étaient pas attachés. Lorédan le lui fit remarquer en souriant, et prit le soin qu'Amédéo aurait dû prendre. Le jeune Grimani avait demandé plusieurs fois déjà à son cousin, si les soldoyers étaient prêts, lorsque le sénéchal rentra la tête baissée, et suivi des principaux officiers de la garnison. « Monseigneur, dit-il en s'adressant au marquis Francavilla, je viens vous rendre compte de la commission que vous m'avez donnée : je n'ai pu trouver, parmi tous vos gendarmes, un seul homme prêt à me suivre dans la forêt sombre; tous ceux auxquels je me suis adressé m'ont répondu : « Nous » nous sommes engagés pour combattre » contre les ennemis de notre baron, et » Dieu est témoin que nous ne manque- » rons pas à notre serment; mais nul d'en- » tre nous n'a fait la promesse de se me- » surer contre les démons, ou contre » d'infâmes magiciens; ainsi qu'on n'es- » père pas nous mener dans la forêt som- » bre; nous ne voulons, dans cette vie, » avoir rien à démêler avec ses habitans, » comme nous espérons ne pas les ren- » contrer dans l'autre. » Voilà, monseigneur, les propres expressions dont ils se sont servis. Nous avons voulu, vos officiers et moi, leur faire honte de leur pusillanimité, nos reproches ont été sans succès; et si vous m'en croyez, vous ne chercherez pas à vaincre leur répugnance, car votre tentative ne serait couronnée d'aucun succès. »

Cet étrange discours confondit Lorédan, et fit élever, dans l'âme de Grimani, une violente tempête; il allait peut-être tenir quelque propos déplacé, lorsque son cousin, plus accoutumé par son long usage de la cour, à retenir ses passions, s'adressa, en le prévenant, au sénéchal: « Je croyais être servi par des hommes au-dessus de toute terreur, mais puisqu'il leur répugne tant de parcourir la forêt sombre, je ne m'obstinerai pas à vouloir les y conduire, vous pouvez aller les en assurer de ma part. Cependant je me flatte qu'ils me prouveront, dans l'occasion, que ce n'est pas par manque de courage qu'ils me délaissent aujourd'hui. »

A la joie qui, tout à coup, se répandit

sur les figures des officiers de la garnison, Francavilla devina, sans peine, que les soldats n'étaient point les seuls à redouter les frères noirs, et que de plus nobles cœurs connaissaient aussi l'empire des terreurs superstitieuses. Lorsque les écuyers se furent éloignés, Lorédan prit Grimani sous le bras : « Mon cousin, lui dit-il, allons, vous et moi, quitter notre armure, nous la revêtirons dans un temps plus opportun. » Il dit, et tous les deux sortirent ensemble de la salle. Dès qu'ils se furent rendus dans la chambre à coucher de Francavilla, celui-ci continuant de parler à Amédéo : « N'êtes-vous pas comme moi, lui dit-il; ne sentez-vous pas le désir d'éclaircir cette aventure mystérieuse dont je dois vous apprendre la première partie. » Alors il lui raconta ce que le lecteur connaît déjà. « Heureux Lorédan, s'écria Grimani lorsqu'il eut terminé, je vous envie le bonheur d'intéresser cette charmante fille.—Ce bonheur, mon ami, ne doit pas troubler le vôtre, je puis être sensible aux soins que cette inconnue prend pour mon intérêt, mais ne croyez pas que l'amant aimé d'Ambrosia Ferrandino, puisse jamais porter ailleurs une tendresse si bien méritée par cette angélique créature. » La chaleur, mise par Lorédan dans cette protestation, charma Amédéo, qui, franchement, convenait en lui-même qu'un sentiment si pur n'était pas en son pouvoir, et que, tout en adorant une belle personne, il pouvait éprouver un tendre sentiment pour une autre beauté.

« Assurément, dit-il à son tour, je ne serai point tranquille tant que vous et moi n'aurons pas fait un tour dans la forêt sombre, et si vous m'en croyez, demain, tous les deux armés jusqu'aux dents, nous irons, montés sur nos meilleurs chevaux, en quête de quelque fameuse aventure ; d'ailleurs, je songe maintenant que, lorsque les voleurs ont entraîné ma jolie villageoise, je n'ai nullement aperçu le personnage dont elle était accompagnée, et, à moins qu'ils ne l'eussent déjà assassiné lorsque je les ai vus, il doit errer dans les environs, et peut-être serons-nous assez favorisés du ciel pour le retrouver. — Nous aurions dû, répartit Lorédan, vous et moi, songer plutôt à cet homme, et sans plus tarder, allons tous les deux aux lieux où vous avez vu l'attentat se commettre, nous y rencontrerons peut-être celui qui nous débrouillera le mystère de cette aventure; mais quant à votre projet de parcourir à nous deux la forêt, souffrez que, tout en l'approuvant, je fasse quelque changement au costume que vous voulez nous faire revêtir; songez-y bien, Amédéo, que pourrions-nous faire à nous deux malgré nos armes contre une multitude d'ennemis dont nous ne connaissons pas le nombre; ne vaut-il pas mieux revêtir, l'un et l'autre, un déguisement qui puisse, en détournant les soupçons, nous laisser la liberté de tout voir, de tout chercher à découvrir; voilà comment nous devons franchir les bornes de la forêt sombre et la parcourir sans péril. »

Amédéo convint facilement avec son cousin que cette manière de parvenir à leur but était préférable à celle par lui proposée ; et tout en causant sur ce point, et en cherchant sous quel costume ils se déguiseraient, ils descendirent dans les fossés du château par un escalier dérobé, conduisant à une poterne, et parvinrent dans la campagne sans avoir eu besoin de se présenter au pont-levis.

Amédéo conduisait leur marche ; ils traversèrent la petite rivière sur un pont unissant ses deux bords, et arrivèrent enfin dans la prairie où les brigands avaient suivi la jeune inconnue. Les deux cousins aperçurent, assez près d'eux, la corbeille de jonc garnie de fleurs, que la villageoise portait sur sa tête ; elle l'avait sans doute perdue en cherchant à fuir ses ravisseurs. Lorédan, prenant la corbeille, en tira toutes les roses et les lys dont elle était remplie, et, sentant sous les feuilles qui en remplissaient le fond un corps dur qui ne pouvait faire partie de la récolte odorante, il tira, en y portant la main, de magnifiques tablettes en nacre, garnies d'or et de perles, et, ô surprise inexprimable! ô terreur pour Francavilla! il reconnut ce meuble élégant pour avoir appartenu à sa chère Ambrosia, et il ne pouvait pas en douter, car lui-même lui en avait fait naguère cadeau.

Grimani, à la pâleur subite dont se couvrirent les joues de Lorédan, devina sans peine qu'il avait fait une découverte importante, et il lui demanda avec amitié de lui expliquer la cause de cette subite émotion. « Vous la partagerez sans doute, lui dit le marquis, lorsque vous saurez que ces tablettes furent un don de mon amour pour la jeune duchesse de Ferrandino. Jugez combien ma surprise doit être grande de les retrouver ici, et à quel mystère tout cela se trouve lié! Comment ces tablettes ont-elles été ravies à ma fiancée? les aurait-elle perdues, ou elle-même.... En vérité, je ne sais à quoi m'arrêter, tant me paraît incompréhensible tout ce qui frappe mes yeux ou m'arrive d'extraordinaire depuis quelques jours.

Grimani partagea facilement la surprise toujours croissante de son ami, et n'ayant point trouvé l'homme qui accompagnait la villageoise, ni aucune trace de lui, il engagea Lorédan à revenir au château, pour y prendre ensemble leurs dernières mesures, car ils étaient décidés, plus que jamais, à entreprendre le voyage de la forêt.

Francavilla eût été en proie à une bien vive inquiétude si le matin même il n'avait reçu une lettre de son Ambrosia; il était donc certain que cette noble personne se trouvait en sûreté à Palerme, et que, par une circonstance particulière, mais étrangère à son repos, ses tablettes lui avaient été ravies; il les tenait toujours en sa main, sans les avoir ouvertes encore; l'envie lui prit d'en faire jouer le ressort; les feuilles se séparèrent, et au milieu d'elles il aperçut un portrait.... c'était celui de Ferdinand de Valvano, cet ami dont il pleurait la perte, et qui, depuis plus de six mois, avait abandonné la Sicile. Tant de rapprochemens inattendus, tant de motifs de surprise achevèrent de confondre Lorédan, et de nouveau son esprit s'abandonna au plus vaste champ de conjectures.

Grimani éprouva également le trouble nouveau qui s'élevait dans l'ame de son cousin; il ne pouvait voir qu'avec impatience et douleur le portait d'un des plus aimables cavaliers de Sicile, en la puissance de cette jeune villageoise qui avait fait une si vive impression sur son cœur; aurait-il à craindre de rencontrer un pareil rival: cette possibilité le tourmentait, et il brûlait du désir d'éclaircir enfin cette surprenante aventure.

Dès leur arrivée au château, Lorédan commença par écrire à sa belle amie; il la prévint que, dans une prairie voisine du château d'Altanéro, il avait trouvé les tablettes qu'autrefois il lui avait données. Cette rencontre, en piquant sa curiosité, l'engageait à lui demander de quelle manière Ambrosia les avait ou perdues ou données, et sur ce point il la conjurait de lui mander les détails les plus précis ou les plus circonstanciés. Ce soin terminé il songea à son déguisement. Amédéo et lui se décidèrent à revêtir le costume de pélerins revenant de la terre sainte; ils passèrent sur leurs grâcieuses figures une couleur sombre qui semblait provenir du hâle occasioné par le soleil et la réverbération des sables de la Palestine; Lorédan plaça de plus un linge sur son front, de manière à paraître cacher une blessure récente; il avait à craindre d'être plus facilement reconnu ; sa vie, passée tout entière à la cour, devait l'avoir montré fréquemment aux yeux du peuple ; et, selon toute apparence, si son ennemi avait pour auxiliaires les frères noirs, ceux-ci devaient connaître les traits de Lorédan.

Grimani était libre de cette crainte : depuis son enfance il avait habité le fond de l'Italie ; depuis peu il était revenu en Sicile, et, n'ayant pas été, à cause de sa jeunesse et des troubles civils, en position de se faire voir à Palerme ou à Messine, il pouvait espérer de rester facilement inconnu. Ils cachèrent soigneusement leur résolution au marquis Mazini, qui n'eût pas manqué de chercher à s'opposer à ce projet dont sa sagesse eut apprécié toute l'importance.

Ils avaient décidé que, pendant la nuit suivante, ils se mettraient en route, et, voyant l'excellence de leur déguisement, ils se débarbouillèrent et revinrent auprès de leur oncle, appelant sans cesse dans leur impatience le moment où ils pourraient s'éloigner du château.

Peu de temps après le coucher du soleil, Lorédan fut appelé par un de ses pages qui lui vint annoncer un messager apportant une lettre très-pressée, et dont la réponse ne pouvait être retardée d'un instant. Le marquis se leva de son siége, et, traversant le salon, vint au devant de l'envoyé jusqu'à la première anti-chambre; là il aperçut un individu de haute taille, couvert d'un sombre manteau, et qui, sans proférer une parole, lui remit un rouleau de parchemin; Lorédan le prit avee émotion, et, l'ouvrant, il y trouve gravé ces sinistres paroles: « *A toi, marquis de Francavilla, à toi!* On a surpris auprès de ton château une fille téméraire qui voulait sans doute te parler et te révéler des secrets dont la connaissance eût assuré ta perte et la sienne; elle a perdu, en se débattant contre mes émissaires, des tablettes qu'il m'importe de posséder; elles ne peuvent te servir en aucune manière, et j'en ai impérieusement besoin; tu sais à qui elles appartiennent; rends-les-moi ou tu amasseras sur la tête d'Ambrosia les malheurs qui doivent fondre sur la tienne. Songe que si mon envoyé était retenu, tu pourrais au jour prochain faire emporter de la prairie où les tablettes sont tombées dans tes mains, les restes inanimés de la fille téméraire qui n'a pas craint de me désobéir. »

Lorédan, à mesure qu'il lisait cette lettre insolente, cherchait à contenir sa colère et son indignation. Plus d'une fois il fut sur le point de faire saisir le brigand qui restait devant lui aussi calme, autant assuré que s'il eût été au milieu de ses camarades; mais la crainte de voir s'effectuer la menace qu'on lui faisait, le retint, et, sans rien répondre au messager, il fit quelques pas en arrière, et, passant dans son appartement, il se hâta d'écrire à son tour le billet suivant :

« J'ignore par quelle offense j'ai mérité la haine de celui qui m'outrage ; ce ne peut être sans doute un loyal chevalier, car il ne balancerait pas alors à m'attaquer en face, et répondrait à l'appel que je lui adresse. Si une réparation franche, telle que l'homme peut la faire ou la recevoir, pouvait le contenter, je ne m'y refuserais pas ; mais je ne dois point m'attendre à tant de franchise, et je me contenterai de repousser les attaques qui pourraient être dirigées contre moi par un audacieux scélérat. J'ai donné la preuve de ma vaillance ; il me reste à donner celle de mon courage à supporter le malheur. Qu'on adresse donc à moi toutes les perfidies dont on me menace ; mais ce serait une infame lâcheté de frapper la beauté, les vertus et l'innocence. Je pourrais refuser une demande faite avec tant de hauteur ; je ne veux rien avoir à me reprocher :

les tablettes n'appartiennent point à l'insolent qui les réclame; n'importe, je veux bien les abandonner, je souhaite que cette marque de ma condescendance prouve à la fois mon désir de tout accommoder; mais en même temps je jure de poursuivre jusqu'à la mort l'être qui sans motifs se déclare l'ennemi du marquis Lorédan. »

Après avoir écrit cette missive, il enveloppe les tablettes dans un linge, et, revenant dans la salle, les remet avec la lettre au brigand dont la tranquillité était sans exemple; celui-ci, prenant ce qu'on lui présentait, s'éloigne sans avoir donné au marquis la moindre marque de déférence et d'égards. Lorédan, en rentrant au lieu où Amédéo l'attendait, ne put assez prendre sur lui pour cacher entièrement à ce dernier l'impression pénible qui était née dans son cœur depuis cette nouvelle aventure; Amédéo chercha à prendre son cousin à part, car on ne cessait de redouter la perspicacité du marquis Mazini, et là, lui demanda ce que lui voulait l'envoyé avec lequel il était demeuré si long-tems. Francavilla, sans lui répondre, lui glissa la feuille de parchemin qu'on lui avait remise, et Grimani, sortant dès qu'il put le faire naturellement, fut lire cette audacieuse épître.

Tant d'audace le confondit; il s'en indigna, et eut voulu que son cousin se fût refusé d'accéder à la proposition qu'on lui faisait; mais un signe de Lorédan, lorsqu'il l'eut rejoint, lui prouva que Francavilla aimait trop son Ambrosia pour ne point tout sacrifier à ce qui pouvait assurer le repos de cette personne chérie.

CHAPITRE IV.

A l'heure de minuit, Grimani se glissant doucement hors de sa chambre, vint rejoindre Francavilla dans la sienne. C'était l'instant convenu, et les deux cousins commencèrent de nouveau à revêtir les costumes essayés dès la veille; rien n'y manquait, ni le rochet de toile cirée chargé de coquilles et de croix de Jérusalem, ni le long bourdon, où pendait la courge destinée à renfermer la liqueur qui devait les soutenir en de pénibles fatigues, ni la boîte de fer-blanc suspendue à la ceinture, où étaient contenues les reliques apportées de la Terre-Sainte, enfin leurs vêtemens déchirés et souillés de poussière, leurs chaperons usés, leurs sandales retenues par des liens de cuir à moitié rongés; tout semblait véritablement annoncer que ces deux pélerins venaient de longs et périlleux voyages d'outre-mer.

Lorédan avait trouvé ces vêtemens dans la garderobe d'un vénérable chapelain, son instituteur de l'enfance, et qui, étant allé visiter la Palestine avec un autre digne prêtre de ses amis, en avait rapporté des reliques et les costumes qu'ils avaient conservés dans une armoire particulière de la chapelle. Quinze jours encore ne s'étaient pas écoulés depuis le retour de ces bons vieillards. Francavilla espérait que son ancien précepteur ne s'apercevrait pas du vol qu'on lui faisait, il pensait être de retour pour pouvoir tout mettre en sa place avant qu'aucune découverte eût lieu.

Les deux amis, traversant les mêmes passages qu'ils avaient suivis la veille en allant à la quête du compagnon de la belle inconnue, sortirent secrètement du château; ils prirent leur route à travers les bocages délicieux dont cette riante contrée était parsemée, et presque sans s'arrêter. Après une marche de plusieurs heures, ils arrivèrent, le soleil étant déjà sur l'horison, aux limites de la forêt sombre. Plusieurs villageois traversèrent en ce moment le chemin. Amédéo les appelant, leur demanda quelle plus prompte route pouvait abréger le passage de la forêt.

A la vue des saints pélerins, les paysans, remplis de vénération pour les gens de cette classe, commencèrent d'abord par se jeter dévotement à genoux, les conjurant de les bénir, ce que Lorédan fit avec quelque peine; puis se relevant : « Homme de Dieu, leur dirent-ils, et quelle affaire pressante peut vous obliger à cheminer à travers cette forêt dangereuse? Croyez-nous, tournez vos pas d'un autre côté, car rien n'est moins sûr que l'étendue de ce bois, dans lequel nos bûcherons n'osent plus pénétrer. — Il est possible, répondit Amédéo, que des brigands, en y faisant leur résidence, épouvantent les campagnes voisines, mais que peuvent craindre deux pauvres pélerins, dont la dépouille serait infructueuse, et dont peut-être le ciel vengerait le trépas. — Ah! vénérables voyageurs, répliquèrent les villageois, si des brigands habitaient seuls la forêt sombre, ce n'est pas nous qu'ils intimideraient; notre pauvreté serait notre plus certaine dispense, et nous ne redouterions pas de les rencontrer; mais depuis quelques années une compagnie d'êtres inconnus à toute la contrée, de gens dont on ne voit jamais le visage, est venue s'établir dans un monastère depuis long-temps abandonné; depuis ce jour, des prodiges sans nombre ont effrayé tous les environs; elle est la proie, non des voleurs, mais des esprits infernaux, et chaque jour nous en obtenons la preuve irrécusable. Tantôt, autour d'un énorme châtaignier, on voit une vaste place marquée en rond dont a disparu la verdure; tantôt un taureau, un bélier noir manquent à nos troupeaux; on les retrouve égorgés dans quelque profonde vallée, les chairs entières, dont on a enlevé que le cœur et le fiel; enfin des hommes ont disparu, et leurs cadavres à demi-consumés par le feu, nous ont appris qu'on les avait immolés en holocauste aux démons détestables. Vous parlerons - nous de la mortalité qui, journellement, afflige les troupeaux de quelque canton, des flammes sulfureuses que, durant la nuit, le voyageur égaré voit briller dans les profondeurs de la forêt, des cris sinistres qui s'en échappent à toute heure, enfin des épouvantables apparitions dont nous avons été presque tous successivement les témoins? Voilà, hommes de Dieu, les prestiges effrayans, les actions détestables qui ont signalé la venue des Frères Noirs dans ce lieu; car c'est ainsi qu'on appelle cette confrérie impie et barbare. Les êtres qui la composent ne marchent jamais qu'en troupe nombreuse, à moins qu'un d'entre eux n'ait quelque maléfice à faire, alors il se glisse à petit bruit, va invoquer mystérieusement l'ennemi des enfans du Seigneur, et alors au bruit de la voix destructive, ou la grêle tombe sur nos troupeaux, ou l'Etna lance des torrens de flammes. Croyez - nous en, retournez sur vos pas; et plutôt que de vous exposer à une mort presqu'assurée, cotoyez la forêt, si vos affaires vous appellent impérieusement au-delà de son étendue. »

Ce discours, où se peignait la terreur naïve des Siciliens, causa peut-être un peu d'émotion au cœur de Grimani, qui brave jusqu'à l'extravagance vis-à-vis des hommes, se sentait moins valeureux contre des sorciers; mais voyant que les traits de Lorédan demeuraient tranquilles, il n'eut garde de laisser connaître la répugnance intérieure dont il eût eu honte devant son cousin. Francavilla, poussé par son amour véritable, ne fut pas détourné de son dessein par ce qu'on venait de lui dire; il remercia les villageois, puis leur dit que par la grâce de Dieu il espérait sortir sain et sauf de la forêt, dont absolument il voulait traverser l'étendue; il les assura que, par les mérites de ses reliques, il croyait pouvoir braver la malice des adversaires du Très-Haut, et en conséquence, il continua son chemin suivi d'Amédéo, qui eût rougi de l'abandonner.

En les voyant partir les villageois s'écrièrent : « Que les saints Anges vous accompagnent! vénérables pélerins. — Ah! dit un vieux paysan, ils savent bien ce qu'ils font, ces saints personnages; va, ceux qui ont vu face à face le tombeau de Jésus-Christ, peuvent bien soutenir la vue des démons; et je ne doute pas que ces derniers ne soient ceux qui, avec plus de raison, connaîtront l'épouvante. » Ce que disait le paysan était en partie pensé par Lorédan; il comptait sur son courage pour se défaire des piéges tendus par les hommes; et les trésors pieux dont il était chargé lui semblaient des armes aussi bonnes contre les maléfices et le pouvoir des enfers.

Cependant les deux amis ne purent s'empêcher d'éprouver un mouvement d'effroi lorsqu'ils eurent dépassés les premiers arbres de la forêt; ils s'attendaient à chaque instant à voir leurs yeux frappés par quelque effrayant prestige; mais rien d'extraordinaire n'eut lieu. Une verdure vigoureuse couvrait le sol; des rameaux chargés de feuillages assombrissaient seulement l'air, laissant à peine quelques espaces par où les rayons du soleil pouvaient passer pour venir se réfléchir sur la terre; les oiseaux gazouillaient en paix, et la nature semblait calmes; dès-lors la confiance revint un peu dans l'âme de nos nobles aventuriers.

Durant quelque temps ils cheminèrent au hasard sans tenir de route certaine, nul sentier ne se présentant à eux; enfin, ils parvinrent à en découvrir un, et ils le suivirent avec joie, espérant qu'il les mènerait vers quelqu'endroit habité; leur espérance ne fut point déçue : une cabane ne tarda pas à frapper leurs regards; elle était placée dans une clairière du bois, au milieu d'une belle prairie, et non loin d'un petit ruisseau les pélerins se dirigèrent vers cette cabane, et suivant l'usage, ils l'abordèrent en chantant le cantique qui devait les annoncer comme des visiteurs de la tombe sacrée.

CHAPITRE V.

Ils n'avaient pas achevé de chanter leur dernière strophe, lorsque la porte de la chaumière venant à s'ouvrir, il en sortit un homme simplement vêtu, et qu'Amédéo, avec la joie la plus vive, reconnut parfaitement pour avoir été le conducteur de la belle inconnue; il n'eut pas le temps de faire part de cette heureuse rencontre à son compagnon; car le maître de la cabane, s'approchant d'eux, les invita poliment à venir se reposer dans sa demeure, et à prendre leur part d'un frugal déjeûner.

Amédéo surtout, ni Lorédan n'avaient garde de se refuser à une offre qui les charmait de toute manière. « Que dieu vous conserve, dirent-ils, vous qui ne craignez pas d'appeler les hôtes du saint sépulcre ; puisse la très-sainte Trinité et la grande-signora, mère de Notre-Seigneur Jésus-Christ, vous récompenser de ce que vous nous donnerez : notre fatigue était extrême, et nous cheminions depuis long-temps. — Vous auriez pu, répliqua leur hôte, parcourir plus long-temps encore les détours de cette solitude, si le hasard, ou pour mieux dire la providence, ne vous eût pas conduits vers moi. Ma chaumière est peut-être la seule qui existe dans cette forêt, et pour l'avoir trouvée, il faut que vous soyez étrangers, car certes, aucun des habitans des campagnes voisines ne se serait exposé à venir la chercher, tant le lieu imprime d'épouvante par les récits qu'on en fait chaque jour. — Il est vrai, répartit Lorédan, qu'on raconte des choses bien étranges au sujet de ce qui se passe dans cette forêt; peut-être les récits en sont exagérés; peut-être même la vérité y est-elle complètement outragée. »

L'inconnu avait un beau champ pour répondre, s'il eût voulu, et pour détruire ou confirmer les bruits sinistres qu'on semait de toute part; mais il ne chercha pas à le faire, et l'explication, provoquée par Francavilla, n'eut pas lieu. L'inconnu les fit entrer dans sa demeure; ils pénétrèrent dans une assez vaste pièce où se trouvait la cuisine; et là, malgré la chaleur du jour, il les contraignit à s'asseoir près du foyer; il mit sur l'âtre une chaudière qu'il remplit d'eau, et quand elle fut chauffée, il en lava les pieds des pélerins, malgré la résistance opiniâtre qu'ils purent faire. Le soin hospitalier terminé, il songea à préparer le repas qu'il leur avait annoncé, et sa diligence fut extrême.

Amédéo cependant brûlait du désir

de faire part à Lorédan de la découverte importante qu'il avait faite ; mais comme leur hôte ne les laissa pas un moment seuls, il attendit une occasion plus favorable, ne voulant pas hasarder même des signes qui eussent pu être surpris, et peut-être défavorablement interprétés. Le villageois dressa la table ; il la couvrit de plusieurs sortes de fruits, de fromages frais, de lait nouvellement tiré des mamelles de la chèvre, commensale de la maison ; il plaça à un bout un flacon de lacryma, et, ayant approché deux escabelles, il annonça aux voyageurs qu'il leur était libre de satisfaire la faim qu'ils pouvaient avoir.

Certes ce n'était pas en vain qu'il faisait un appel à l'appétit des jeunes barons : tous deux excités par la longueur de leur course, leur âge et la fraîcheur de la matinée, éprouvaient un besoin impérieux de satisfaire les désirs de leurs estomacs, et leur hôte, à la façon délibérée avec laquelle ils tombèrent sur les provisions, dut voir qu'on ne dédaignait pas de faire honneur à son festin.

Après que la première faim fut apaisée, la conversation s'engagea ; Lorédan demanda à l'inconnu de quel côté ils devaient diriger leur route pour trouver un lieu propre à les recevoir durant la nuit prochaine.

« — Je ne vois, leur dit-il, d'autre demeure à portée que le Monastère des Frères noirs, et vous aurez sans doute quelque répugnance à y aller chercher votre asile, puisque, avant d'entrer dans la forêt, vous avez causé avec les habitans de cette partie de la Sicile; néanmoins vous ne devez pas croire aveuglément tout ce qu'on débite sur ces confrères; il faut se méfier de la malice des hommes aussi bien que de leur crédulité. — Il est vrai, répondit Amédéo, que, suivant tout ce qu'on nous a débité, nous serions dans le premier moment bien excusables, si nous ne nous soucions pas de marcher vers le monastère ; mais cependant tel n est pas notre dessein ; nous nous confions en notre pauvreté, en la bonté de la race humaine, et je ne craindrai pas, non plus que mon compagnon, d'aller demander le soir un asile dans le monastère. »

Ici la conversation s'arrêta, puis le même interlocuteur reprenant la parole : « Puissions-nous, dit-il, être aussi bien reçus que nous le fûmes la nuit dernière dans le château d'Altanéro, chez le noble baron, marquis Lorédan. » En entendant ainsi parler Grimani, Francavilla éprouva une vive surprise ; il ne pouvait concevoir pourquoi Amédéo s'écartait ainsi du plan qu'ils s'étaient tracé ; car, avant de commencer leur expédition, ils étaient convenus de dire qu'ils avaient couché dans la ville la plus voisine, et les propos de son cousin le déroutaient entièrement.

« Ah! vous venez d'Altanéro, répliqua vivement leur hôte ; j'ai en effet beaucoup entendu parler du nouveau seigneur de cette baronnie : on dit qu'il est digne de sa grande fortune, de la faveur dont il jouit auprès de notre souverain. Plaise à Dieu que tant de bonheur continue et ne soit pas incessamment renversé. « L'avez-vous vu, le marquis de Francavilla? » poursuivit-il en s'adressant aux deux pélerins. Lorédan eût pu répondre ; mais il jugea convenable de se renfermer dans un profond silence, laissant à Grimani le soin de répondre sur ce sujet, puisque c'était lui qui, par ses paroles, avait amené la conversation sur ce point.

—« Nous, honnêtes paysans, répliqua Amédéo, nous n'avons pas eu l'honneur d'être admis à faire la révérence à ce digne seigneur ; il était retenu dans ses appartemens par d'importantes affaires ; nous nous sommes contentés de la compagnie de son respectable chapelain ; celui-ci ne nous a, durant tout le souper, entretenu que des qualités, des vertus de son maître. Le marquis Lorédan paraît adoré de tous les siens; et si, comme vous paraissez le préjuger, la fortune est près de lui être défavorable, il trouvera dans sa famille, dans ses amis et dans ses vassaux, des cœurs fidèles prêts à le soutenir dans toutes les chances défavorables de la vie. »

Ce discours, comme on peut facilement le deviner, n'avait pas été prononcé sans intention: Amédéo espérait qu'après une pareille ouverture leur hôte parlerait peut-être de manière à faire lire, à des regards attentifs, ses intentions secrètes envers le marquis Francavilla; mais on n'avait point à faire à un homme facile à surprendre; le paysan, qui paraissait ne l'être que par la simplicité de son costume, répondit avec une indifférente tranquillité : « Le baron est bien heureux d'avoir des partisans aussi sincères; mais peut-être en serait-il de lui comme de tous ceux qui jouissent d'un sort prospère; la foule les environne ; elle leur parle de son dévouement ; elle les élève au ciel, leur jure une amitié constante, et ne tarde pas à les abandonner, quand le vent de la faveur a changé, quand la disgrâce accable leur idole ; mais, saints voyageurs, excusez un homme qui, vivant presque toujours dans la retraite, aime de s'enquérir parfois de ce qui se passe hors de cette enceinte ; n'avez-vous rien appris de remarquable durant les derniers jours de votre voyage ; ne vous a-t-on entretenus d'aucun événement qui ait pu piquer la curiosité des hommes. »

Lorédan, à son tour, demeura charmé d'une question qui lui permettait d'entrer en scène, et de prendre la parole : il crut qu'un habitant de la forêt sombres ne pouvait être étranger aux mystère qui s'y passaient, et, devançant Amédéo qui allait parler, il répondit en ces termes à leur interrogateur :

« Certes la journée dernière a été fertile en aventures : non loin de notre dernier gîte, le chapelain du château d'Altanéro nous a entretenus, durant tout le souper, de l'enlèvement d'une jeune fille par des inconnus qui ont pris, ajoutait-il, le chemin de cette forêt, et de la venue d'un homme audacieux qui, peu d'instans après notre entrée dans Altanéro, y avait paru, venant réclamer un objet perdu par la jeune fille à l'instant de son ravissement. — Eh! disait-on ce que ce pouvait être? demanda le villageois avec une précipitation que Grimani put mieux apprécier que son cousin. » Lorédan allait répondre; mais Amédéo ne lui en donna pas le temps. « C'était, dit-il avec une sorte de négligence, de magnifiques tablettes, montées en or, et enrichies de pierreries : elles renfermaient un portrait ressemblant du baron Ferdinand Valvano, et elles avaient été cachées par la jeune fille dans une corbeille de fleurs, sans doute d'après les conseils de celui qui l'accompagnait lorsqu'elle s'approcha des murailles d'Altanéro. »

Cet étrange discours, s'il confondit Lorédan, parut imprimer dans le cœur du villageois un étonnement bien autrement extraordinaire ; il recula de deux pas, sa figure pâlit, et une rapide exclamation lui échappa... Les deux amis se levèrent soudain de table, par un mouvement involontaire, et les trois personnages demeurèrent un peu de temps à se regarder réciproquement en silence.

Le paysan fut le premier à se remettre de son effroi et balbutia quelques excuses, pria ses hôtes de lui permettre de les quitter un moment pour aller remplir un pressant devoir, et soulevant une tapisserie qui cachait la porte d'une chambre voisine, il disparut presque en même temps. Les deux amis demeurèrent immobiles à la vue de cette subite retraite, et se prenant par la main sans rien dire, ils sortirent aussi de la cabane, et furent s'asseoir sur un tronc d'arbre, à deux pas du petit ruisseau. Là, Grimani empressé de profiter de la circonstance, apprit à Loredan la cause des discours qu'il avait tenus, et de la découverte qu'il avait faite, et Francavilla, enfin instruit, ne put alors qu'approuver sa conduite.

» J'ai peine à croire, dit Amédéo, que cet homme soit votre ennemi d'après les paroles que je l'entendis prononcer; l'effroi même dont maintenant il nous a paru saisi n'est pas celui d'un criminel; je pense que s'il eût été plus endurci dans la méchanceté, il eût mieux commandé à ses gestes comme à sa figure; et sa retraite, n'en doutez point, a eu pour motifs le besoin d'aller dans la solitude se remettre de l'émotion que nous lui avons causée.

L'opinion de Lorédan était sur ce point conforme à celle de Grimani. Autant que lui il désirait vivement le retour de leur hôte, afin de pouvoir ou le mieux connaître ou s'expliquer librement avec lui ; mais il ne paraissait pas. Les deux amis profitèrent du temps de son absence pour mieux examiner les environs de la cabane; une masse énorme de rochers dont la cîme dépassait celle des plus hauts arbres, la mettait à l'abri des vents du nord. Ces rochers étaient la partie avancée d'une branche de l'Etna, et allaient, par une pente insensible, s'unir en montant à ce formidable volcan. La forêt dont ce lieu était environné paraissait alentour sombre et silencieuse. Le calme dont on jouissait dans cette solitude était seulement troublé par le murmure agréable d'une cascade provenant de la chûte du ruisseau, parmi des pierres amoncelées ; dans une partie de son cours il arrosait un jardin planté de racines potagères, de plusieurs orangers, de quelques citronniers, et d'un massif de lauriers-roses, de grenadiers, de seringats, et de quelques arbustes odoriférans; un cabinet avait été taillé dans leur épaisse verdure, et un banc de gazon, semé de fleurs variées, invitait au sommeil, ou tout au moins au repos. Les deux amis eussent voulu aller vers ce lieu de délices, mais un fossé rempli d'eau, une haie vive et fourrée y mirent obstacle. Ils comprirent qu'on ne pouvait y parvenir que par l'intérieur de la cabane, et ils attendirent que le maître vint leur en enseigner l'entrée.

Cependant les heures s'écoulaient, et le maître ne venait pas; son absence paraissait doublement longue à ceux qui avaient une si vive impatience de s'entretenir avec lui; et leurs efforts, pour abréger la marche du temps, étaient inutiles, lorsqu'enfin il se présenta, s'approchant des pélerins : « Signors, leur dit-il, excusez-moi si j'ai tardé longtemps à vous rejoindre; mais une indisposition subite et dont je n'ai pas voulu vous entretenir, m'a contraint à demeurer plus que je ne voulais dans la chambre reculée de ma chaumière; je craignais que vous n'eussiez pas eu le désir de m'attendre; et avec peine je vous eusse vus partir avant d'avoir pu vous exprimer mes regrets. — Nous les recevons volontiers, répondit Lorédan, et nous ne sommes pas étonnés que le récit des aventures arrivées au château d'Altanéro vous ait plongé dans le trouble qui vous a contraint à vous retirer; vous n'êtes pas le seul que ces événemens remarquables étonnent. — Que voulez-vous dire par là, vénérables pélerins, s'écria l'inconnu, et d'où pouvez-vous conclure que mon éblouissement de tantôt, car ce n'était pas autre chose, doive sa naissance à la cause que vous vous plaisez à tort de lui attribuer. — Signor, repartit Amédéo, si nous nous trompons, notre erreur est naturelle; ce que j'ai dit a paru vous frapper, surtout quand j'ai parlé du conducteur de la jeune villageoise et des tablettes oubliées par celle-ci; et tenez, dans ce moment encore, voilà votre figure qui se décompose de nouveau. Cela ne nous laisse-t-il pas le droit de penser que vous en savez peut-être plus que vous ne voulez en dire sur ce qui s'est passé dernièrement. »

A cette directe interpellation le paysan demeura plus interdit que jamais ; à son tour, il jeta un regard scrutateur sur les deux pélerins, cherchant à mieux examiner leurs traits, sans qu'il pût les reconnaître, tant leur déguisement les rendait méconnaissables ; et, voyant l'inutilité de ses efforts, il voulut, par une nouvelle ruse, trouver le moyen de cacher ce qu'il éprouvait réellement.

Lorédan, saisissant une circonstance qui lui paraissait favorable : « Pourquoi, signor, lui dit-il, vous refuseriez-vous à vous ouvrir à ceux qui vous parlent, si, par un motif quelconque, vous vous trouvez mêlé dans les affaires qui intéressent le baron d'Altanéro ; parlez-nous avec toute franchise. Nous sommes prêts à vous offrir nos services auprès du chapelain du marquis Francavilla, et même, s'il le fallait, nous interromprions notre route pour vous conduire vers lui. »

L'inconnu, toujours de plus en plus surpris, était peut-être près de s'expliquer, comme Lorédan le désirait, lorsqu'on vit venir, par le sentier le plus proche, un homme vêtu de noir, la tête couverte d'un long capuchon, et qui, à sa démarche, à la bizarrerie de son costume, fut reconnu par Lorédan pour être le même qui, la veille, lui avait apporté l'écrit de son invisible ennemi : le personnage s'avançait rapidement. « Stéphano, s'écria-t-il en s'adressant au maître de la cabane, à quoi donc songez-vous de ne pas vous rendre où vous êtes attendu ? » Il allait en dire sans doute davantage, mais alors il s'aperçut que Stéphano n'était pas seul ; une touffe de rosiers lui avait dérobé la présence des deux pélerins ; il les examina en silence, et, s'adressant à Stéphano : « Qui sont-ils, ceux-là, dont la hardiesse leur permet de parcourir les détours de la forêt sombre. — Mon frère, dit Amédéo avant que leur hôte eût pu prendre la parole, vous voyez deux voyageurs qui, pour obtenir la rémission de leurs péchés, ont été prier et pleurer sur le sacré tombeau de notre seigneur ; nous revenons de la Palestine, et nous allons vers Syracuse, où nos familles nous attendent sans doute avec impatience. »

Cette explication parut satisfaisante au brigand, car il prit une contenance moins hautaine, et salua les pélerins. Il prit cependant Stéphano à part ; et tous les deux s'éloignèrent dans la prairie en se parlant avec vivacité.

Malgré la bonne opinion qu'Amédéo et Lorédan pouvaient avoir de leur hôte, la présence du brigand parvint facilement à la diminuer, surtout lorsque Francavilla eut à son tour instruit son cousin de la reconnaissance qu'il venait, lui aussi, de faire. Ils craignirent de s'être trop avancés, et leur crainte redoubla en voyant les regards fréquens que les deux interlocuteurs jetaient sur eux; mais en ce moment, ce qu'ils avaient de mieux à faire, était de ne pas témoigner de défiance; ils s'étaient, avec quelque imprudence, mis au pouvoir de leurs ennemis, et ce n'était que par beaucoup de mesure et d'adresse qu'ils pouvaient espérer de sortir d'un si mauvais pas.

Après quelques minutes de conversation, le brigand et Stéphano se rapprochèrent des deux amis; le premier, d'un son de voix qui leur parut railleur, leur dit : « Bons pélerins, ne quittez pas la forêt sans avoir visité le saint monastère des frères noirs; là, on vous y recevra avec tant de prévenances que vous ne serez pas pressés d'en sortir; » il s'éloigna à ces mots, sans se donner le temps d'écouter leur réponse, et il se fut bientôt perdu dans l'épaisseur du taillis.

CHAPITRE VI.

Sa retraite cependant donna quelque plaisir à nos aventuriers, ils se rassurèrent; car, à moins que le brigand n'eût été chercher main forte, ils ne pouvaient avoir rien à craindre du seul Stéphano, dont enfin ils savaient le nom. Ce vieillard venant à eux : « Signors, leur dit-il, je vous prie de suspendre le jugement que vous pourriez former sur ma liaison avec un homme d'une si condamnable apparence; vous voyez la solitude qui m'entoure, vous connaissez les histoires qu'on répand sur les Frères Noirs. Soumis à leur volonté, je n'ai pu pour accomplir un secret devoir, pour me rendre le soutien de l'honneur, faire autrement que de feindre mes véritables sentimens. Voilà, signors, pourquoi j'habite cette retraite, je dois à ma condescendance la sûreté que j'y trouve, et vous conviendrez qu'il est des circonstances dans la vie où il faut avoir l'air de flatter les méchans pour les empêcher de faire tout le mal dont ils sont capables, surtout quand on voit réussir les motifs qui nous portent à en agir ainsi.

Tandis que Stéphano parlait, Lorédan cherchait principalement à étudier sur son visage si ses paroles étaient en rapport avec les pensées de son cœur. Ou sa perspicacité eût été vaine, ou il lui eût fallu avouer à lui-même que Stéphano était franc et qu'il pensait les choses qu'il disait. Aussi dès qu'il eut fini, Francavilla s'adressant à lui : « Signor, il vous sera facile, lui dit-il, de nous donner la certitude nécessaire pour nous rassurer entièrement, vous n'aurez pour cela qu'une seule chose à faire, celle de répondre le plus clairement possible au discours que je vous adressais lorsqu'on est venu nous interrompre. » — « Je le ferais sans peine, répliqua Stéphano, si j'avais à mon tour la preuve que vous n'êtes pas des émissaires de perdition, et si par quelque moyen vous me permettiez de lire jusques dans les replis les plus secrets de votre ame. » — « Comment pourrions-nous parvenir à vous contenter, répondit Amédéo; faudra-t-il vous dire que je vous ai vu hier matin accompagner vers Altanéro cette jeune personne enlevée ensuite par des ravisseurs audacieux; et que ces propres paroles prononcées par votre bouche, sont venues frapper mon oreille; *un seul mot pourra vous dire combien il aurait à perdre s'il se refusait à y venir; il perdrait tout à la fois son honneur et sa vie.* » — « Je n'en demande pas davantage, répliqua Stéphano ce que vous venez de me dire me donne la preuve la plus éclatante que vous n'avez rien de commun avec les ennemis du marquis de Francavilla, et que, tout au contraire, vous devez peut-être lui appartenir. Eh bien, si c'est lui qui vous envoie, suppliez-le de se trouver le 22 de ce mois dans l'église cathédrale de Palerme, à sept heures du soir, qu'il se place auprès du deuxième pilier de la septième chapelle, couvert d'un manteau gris qui ne permette que difficilement de le reconnaître. Là, il sera instruit d'un mystère qui le concerne, et dont la découverte assurera sa tranquillité. » Ce propos parut si positif aux deux amis, que Grimini allait se découvrir à lui, lorsque Lorédan moins pressé de lui donner cette dernière marque de confiance, répartit : Me doutez pas, signor, que nous ne remplissions la commission importante dont vous voulez bien nous charger, nous ne vous dissimulerons plus qu'envoyés par le chapelain du marquis, on nous avait recommandé de découvrir quelque trace du mystère qui depuis plusieurs jours trouble la paix d'Altanéro. On a cru que de simples pélerins, comme nous le sommes effectivement, auraient plus de facilité à s'introduire dans la forêt sombre et à se mêler aux Frères Noirs soupçonnés d'être en tiers dans les choses dont on s'occupe au château du baron Lorédan. Cependant, Stéphano, ne vous serait-il pas possible de nous donner de plus amples renseignemens; ne pourriez-vous pas, en vous ouvrant à nous, sauver le marquis de Francavilla, sans lui donner le soin d'attendre jusqu'au 22 de ce mois, tandis que peut-être son ennemi le frappera avant cette époque.

« — Oui, poursuivit Amédéo, interrompant son cousin, vous pourriez nous dire tout ce que vous savez, et particulièrement nous apprendre ce que peut être cette jeune et charmante fille dont vous étiez le conducteur, et qui sans doute fut enlevée sous vos yeux; car vous ne pouviez alors vous être éloigné d'elle. »

—« Voilà, signors, répliqua Stéphano, des demandes et des questions auxquelles je ne puis ni ne veux satisfaire. Chargé par un individu du soin de remplir son message, il ne s'est point ouvert à moi sur tous ses secrets; et, quant à la jeune fille, ce n'est pas moi qui trahirai l'incognito dont elle s'enveloppe. Mes sermens ne me paraissent pas de nature à être violés. »

« Mais du moins, dit Lorédan, si vous gardez le silence sur tout ce qu'il serait si important de connaître, voudrez-vous peut-être consentir à nous éclairer sur un point qui inquiète singulièrement le marquis Francavilla. Comment se fait-il qu'il ait trouvé dans la corbeille de la jeune fille, les tablettes précieuses dont il fit cadeau il y a plusieurs mois à sa prétendue, la duchesse Ambrosia Ferrandino. A quel but les avait-on placées dans ce meuble, et comment les avait-on ravies à celle qui les possédait ? »

—« Je ne puis nullement vous éclaircir cette dernière partie de votre question; mais avec la même franchise je vous satisferai sur la première. Comme on ne pouvait croire que Lorédan ne voulût pas venir à l'appel de la jeune fille, on voulait que celle-ci, en lui remettant des tablettes connues de lui, sans doute, piquât sa curiosité et le décidât à la démarche qu'on désirait lui faire faire. » — Et que lui serait-il arrivé s'il eût suivi la belle messagère? » — » Elle l'eût conduit dans cette chaumière, dit Stéphano, et là, eût eu lieu l'éclaircissement qu'on veut avoir avec lui dans la cathédrale de Palerme. » — « La personne, reprit Lorédan, qui voulait parler au marquis Francavilla se trouvait donc naguères chez vous. » — « Elle y était une heure avant votre arrivée ce matin; elle ne s'y trouve plus maintenant, et ce ne sera que le 22 que le baron d'Altanéro pourra espérer de se rencontrer avec elle. »

Lorédan, comme on peut le croire, éprouva un vif chagrin en acquérant la certitude que s'il fût venu quelques momens plus tôt, il eût pu s'aboucher avec un individu qu'il lui importait tant de connaître; mais la chose devenant en ce moment impossible, il crut que ce qu'il avait de mieux à faire c'était de revenir à son château puisqu'il n'y avait pas d'apparence d'obtenir de leur hôte plus de lumières; et que, chez les Frères Noirs, il ne devait s'attendre qu'à rencontrer des ennemis.

Grimani dut deviner les pensées de Lorédan, car il voulut les prévenir. Ce n'était pas seulement pour accompagner son cousin qu'il avait consenti à pénétrer dans la forêt sombre, mais bien autant avec le dessein de retrouver la jeune villageoise dont les charmes avaient fait une si douce et forte impression sur son cœur. Aussi s'adressant à Francavilla : « Voilà sans doute, lui dit-il, sans que la présence de Stéphano pût l'arrêter, une partie de notre mission remplie; mais une autre, aussi essentielle, nous reste encore à exécuter; nous avons fait, vous et moi, la promesse solennelle de ne reparaître au château d'Altanéro qu'après avoir épuisé tous les moyens possibles de rendre la liberté à la fille généreuse qui est devenue la victime de son dévouement à la cause du marquis Lorédan. Certes, je ne puis croire qu'elle soit inconnue à notre hôte, puisque c'est lui qui lui a servi de conducteur, et sans doute, il doit autant que nous souhaiter de la voir libre de ses chaînes.

Lorédan, par ces paroles, comprit l'intention d'Amédéo ; il avait trop de courage et de véritable grandeur d'âme, pour paraître reculer lorsqu'il avait obtenu pour lui tout ce qu'il lui était permis d'espérer raisonnablement ; aussi, loin de paraître désapprouver ce que son cousin venait de dire, il l'assura de sa bonne volonté, et qu'il était prêt à le suivre partout où il serait nécessaire de courir ; mais, ajouta-t-il, si nous allons tenter encore les aventures, faudrait-il du moins savoir d'une manière à peu près certaine, vers quel lieu nous devons tourner nos pas; les Frères Noirs sont-ils pour quelque chose dans tout ce qui nous occupe? ont-ils des liaisons avec nos ennemis? voilà ce qu'il serait si important d'éclaircir; où peut-on avoir mené l'inconnue est encore une question à faire; et l'honnête Stéphano vers lequel la providence nous a conduits dès nos premiers pas, par une faveur si éclatante, pourrait, je pense bien, nous donner sur ce point, comme peut être sur tous les autres, toutes les lumières qui nous sont indispensablement nécessaires.

Stéphano avait écouté en silence ces deux discours; mais voyant que la dernière partie de celui de Francavilla lui était personnellement adressée, il crut convenable de prendre à son tour la parole.

« Je ne puis désavouer, dit-il, nobles pélerins, car votre conduite généreuse me prouve la noblesse de votre âme; je ne puis, dis-je, désavouer que je ne sois instruit d'une partie des choses que vous avez tant d'intérêt de savoir; oui, les Frères Noirs sont liés avec l'ennemi du marquis Francavilla, et c'est dans leur monastère qu'est le foyer de cette espèce de conspiration; c'est là, selon toute apparence, qu'a dû être menée la jeune fille dont, avec raison, le sort vous intéresse; je ne le sais pas d'une manière bien précise, mais je crois pouvoir le conjecturer sans me tromper; avant la matinée d'hier, je ne la connaissais pas; elle me fut présentée par le protecteur de Francavilla; il me donna l'ordre de la conduire sous les murs du château, là, de l'abandonner à elle-même, et de veiller de loin sur ce qui arriverait; j'exécutai ponctuellement cet ordre, je me tins à l'écart pour la ramener vers cette cabane si elle réussissait dans sa mission; la providence ne le voulut pas; je m'étais placé à quelque distance de la prairie fatale, caché par les branches épaisses d'un grenadier, lorsque je vis les coupables émissaires des Frères Noirs fondre sur cette jeune fille, et l'emmener avec eux; tout seul, je ne pouvais entreprendre sa délivrance; aussi, loin de me montrer, je me dérobai avec plus de soin aux regards de ses persécuteurs; et, par des sentiers détournés, je revins en toute hâte dans cette chaumière afin de ne pas attirer sur moi la méfiance des terribles confrères; et, certain de pouvoir effectuer, par la ruse, plus sûrement mon projet de délivrer tôt ou tard cette infortunée, j'y eusse couru cette nuit, si je n'eusse pas eu à veiller sur le protecteur du marquis Francavilla, qui fortement incommodé, avait besoin de mes premiers secours; maintenant, je suis libre et je vous donne ma parole en jurant sur les reliques sacrées qui pendent sur votre poitrine, de seconder de mon mieux, tous les efforts que vous ferez pour conduire à bien cette entreprise si louable.

Vous devez donc, puisque vous en avez le désir et le courage sortir de ma chaumière, et, par la route que je vous enseignerai, vous rendre au monastère des Frères Noirs; il est situé à quatre heures de marche en suivant les sinuosités de la forêt et de la chaîne de rochers qui s'élèvent en amphithéâtre derrière mon asyle; car si vous pouviez la franchir, dans une heure vous seriez parvenu au lieu où vous voulez aller; présentez-vous y hardiment comme des pélerins qui reviennent de la Terre-Sainte, on ne pourra s'empêcher de vous y recevoir, car il est bon de vous apprendre que malgré la mauvaise réputation de ce couvent, on trouve parmi ceux qui le composent, des scélérats achevés; c'est cependant un ordre d'anachorètes soumis, comme tous les autres, à des règles qu'on ne peut violer; il se trouve même au nombre des religieux, des hommes d'une piété achevée; vivant dans la plus absolue retraite, ils ignorent les excès auxquels se livrent leurs coupables frères, et ceux-là contraignent les autres à remplir tous les devoirs de l'hospitalité; ce qui a perdu ce monastère c'est son dernier abbé, et celui qui l'a remplacé est plus méchant encore; je ne puis vous en dire davantage, je me vois obligé de vous livrer à la providence; elle, j'espère, ne vous abandonnera pas; si vous croyez avoir besoin dans le monastère d'un homme qui me soit absolument dévoué, demandez le frère Laï Jacomo, c'est celui que tantôt vous avez vu dans ma chaumière, il est au service des méchans, mais il est loin d'obéir aveuglement à toutes leurs malices; enfin dans un moment pressant de danger trouvez le moyen de lui dire: *que les glaces de l'Etna sont éternelles comme ses flammes*, et alors vous le verrez s'employer pour vous servir avec un entier dévoûment.

Stéphano ayant terminé, les deux amis le remercièrent avec vivacité; ils reçurent encore de lui toutes les instructions qu'il jugea nécessaires de leur donner, et ayant pris leurs bourdons et remis leurs ceintures, ils promirent à leur hôte leur amitié, des récompenses, et de venir l'instruire du succès de leurs démarches si elles réussissaient, et de le lui faire savoir, dans le cas contraire; Stéphano les pria de se souvenir de cette promesse; et il ne les quitta qu'après les avoir accompagnés durant quelque temps dans la forêt.

CHAPITRE VII.

Les deux amis cheminèrent en silence. Stéphano leur avait appris à se méfier de tout ce qui les entourait; il leur avait dit que des satellites des Frères Noirs se promenaient sans cesse dans la forêt pour épier ce qu'il leur était utile de savoir, pour effrayer par mille prestiges, les voyageurs ou les habitans indiscrets des contrées voisines; et qu'il serait dangereux de tomber dans les piéges tendus de toute part. Lorédan avait si bien senti l'importance de ce conseil, que lui et Amédéo feignirent, durant toute la route, de causer à haute voix de leur prétendu voyage en la Terre-Sainte.

Il y avait déjà une heure qu'ils étaient sortis de la demeure de Stéphano, lorsqu'ils se virent environnés par plusieurs bandits, revêtus des plus étranges costumes, qui leur demandèrent où ils allaient. Ainsi que nous l'avons déjà dit, Grimani était censé être celui des deux le moins connu en Sicile; aussi avait-il pris le soin de répondre, quoique Lorédan, quand il parlait, cherchât à déguiser sa voix. « Nous sommes, dit Grimani, deux frères, nous revenons tous deux de la Terre-Sainte; la tempête nous a jetés dans le port de Palerme, et nous allons regagner la ville de Syracuse, où nous prîmes naissance, portant avec nous dans ces boîtes des reliques des Saints-Martyrs que nous voulons, en mémoire de notre voyage, exposer dans l'église cathédrale, à la vénération des fidèles.» En achevant ces mots, les deux prétendus frères se mirent à chanter de concert leur cantique, dont ils ne firent pas grâce d'un couplet aux brigands. Nous le répétons pour la dernière fois, mais nos lecteurs ne devront pas l'ignorer que, de tous les peuples de la terre, le Sicilien est peut-être celui qui est plus impérieusement subjugué par les signes extérieurs de notre religion; quelle que soit la profession de l'homme, honnête ou coupable, un prêtre, une madone, une relique, sont pour lui des objets vénérables et sacrés; il se croit seulement alors digne du courroux céleste, s'il ose outrager ou profaner les images ou les ecclésiastiques; on appelle cela du fanatisme; pour nous, moins éclairés, sans doute, que ceux qui se servent de cette expression, nous souhaiterions que tous les chrétiens fissent de même, et le monde s'en trouverait beaucoup mieux.

D'après cette explication on ne sera pas étonné d'apprendre qu'aux premiers mots du cantique, les bandits, ôtant leurs toques ou leurs bonnets, se mirent pieusement à genoux; que les plus apparens de la troupe, lorsqu'il fut achevé, répetant la demande que Stéphano avait déjà faite, s'empressa de dire: « Hommes de dieu, donnez-nous votre bénédiction, et passez votre chemin; nous n'avons garde de nous opposer aux Saints-Anges qui doivent vous conduire. »

Lorédan satisfit à leurs désirs, puis ils se remirent à marcher sans crainte d'être poursuivis par ceux qu'ils venaient de rencontrer.

Ce ne fut que vers le déclin du jour, à l'heure où le soleil plongé dans les flots de la mer thyrénienne donnait par son absence une teinte plus lugubre à l'obscurité accoutumée de la forêt, que nos deux aventuriers arrivèrent à la vue du fatal monastère. Ce bâtiment immense s'étendait sur toute une vaste colline, entouré de hautes murailles crenelées et garnies, d'intervalle en intervalle, de fortes tours; il paraissait avoir autrefois servi de citadelle; et même encore, une armée nombreuse eût employé beaucoup de temps avant d'être parvenue à franchir ses remparts; on ne pouvait y monter que par un chemin étroit, sans cesse se repliant sur lui-même, facile à descendre, et impossible à monter sans le consentement des Frères Noirs. Une place assez grande et formée aux dépens de la forêt était au devant du rocher sur lequel était bâti le couvent; à l'endroit où la route commençait à s'élever, on trouvait une porte pratiquée dans une épaisse tour, premier obstacle opposé à toute tentative extérieure; de toute part, alentour, regnaient déjà les ténèbres et le silence.

Ce lieu semblait être situé dans quelque partie déserte de la terre ; certes, il était bien convenable à la paix, au recueillement ; pourquoi fallait-il que la méchanceté des hommes en eût fait le repaire d'une troupe de détestables bandits.

Lorédan et son compagnon, à la vue de la première tour dont nous venons de parler, craignaient que ce ne fût là qu'on leur donnât asyle, ne voulant pas peut-être que des étrangers, pénétrant plus avant, vinssent épier ou surprendre les mystères qui avaient lieu dans le monastère Santo Génaro, car c'était ainsi qu'on le nommait, et la chose eût singulièrement contrarié leurs projets ; ce fut donc en tremblant qu'ils s'approchèrent de cette espèce de corps-de-garde, mais, partout, leur costume devait leur servir de passe-port ; huit hommes de mauvaise mine, et qu'en les voyant on n'eût pas hésité à prendre pour les plus déterminés voleurs de la Sicile, les arretèrent. Cependant, il leur fallut de nouveau répéter la fable dont ils étaient convenus, et ce ne fut qu'après leur avoir fait subir une espèce d'examen que l'on consentit à leur ouvrir le passage.

Les deux amis se hâtèrent de jouir de cette liberté; ils voulaient profiter des dernières clartés du jour pour arriver dans l'intérieur du monastère; et dans cette pensée, ils gravirent rapidement le sentier escarpé qui les y conduisit. Si à la porte basse on avait fait des difficultés pour les introduire, on leur en offrit de plus grandes lorsqu'ils furent parvenus à la porte intérieure; cependant, après les avoir interrogés de nouveau avec le plus grand soin, on ouvrit le guichet, et ils se virent enfin dans la première cour. De tous côtés s'élevaient de grands corps-de-logis bâtis avec toute la somptuosité gothique; à la gauche était l'église, dont le portail magnifique était décoré de hautes colonnes, et que Lorédan, au premier coup-d'œil, reconnut pour avoir dû faire partie de quelque temple érigé par les anciens habitans de la Sicile à de mensongères divinités.

Il engagea son compagnon à aller, pour première démarche, rendre leurs devoirs au créateur de toutes choses en se prosternant aux pieds de son autel, et de suite ils pénétrèrent dans l'église; déjà presque toute l'immensité du vaisseau était ensevelie dans l'obscurité ; à peine au travers des vitraux coloriés de la grande rose, les feux mourans du jour se faisant passage venaient se réfléchir sur le maître-autel ; ils illuminaient particulièrement la figure du Christ qui semblait environné d'une auréole de gloire telle que celui qu'elle représentait en est entouré sans cesse au séjour immortel de sa toute-puissance.

Le cœur de nos deux amis était pur. Le motif de leur déguisement leur paraissait légitime ; aussi ce fut sans honte et sans crainte que, par une fervente prière, ils implorèrent la protection des anges du ciel, ils demeurèrent dans le saint lieu jusqu'au moment où les ténèbres toujours croissantes firent briller la clarté des lampes sans cesse allumées par la piété des fidèles. De temps en temps le silence solennel de ce lieu auguste, était troublé par la démarche grave de quelque religieux qui venait commencer la prière, ou qui se retirait après l'avoir achevée.

Lorédan crut enfin convenable de sortir de l'église; ils abordèrent le premier moine qu'ils rencontrèrent, et exposant leur désir, lui demandèrent de les introduire dans le lieu destiné à recevoir les étrangers. Le cénobite, enseveli tout entier sous son capuce, leur répliqua que rarement on avait l'occasion dans le monastère des Frères Noirs de donner l'hospitalité à des voyageurs. « Peu, dit-il d'une voix douce, choisissent cette maison pour leur refuge nocturne; mais cependant nous ne sommes pas moins obligés de remplir ce sacré devoir lorsqu'il y en a qui se présentent pour en réclamer l'observance ; venez avec moi, je vais vous conduire au corps-de-logis des voyageurs; il ne serait pas prudent pour vous de prolonger plus long-temps votre séjour dans cette église. — Eh! d'où pourrait naître, mon père, dit le curieux Amédéo, le danger d'être surpris dans un si saint exercice. — Notre nouvel abbé, répliqua le religieux, croyant sans doute ne pas devoir permettre que des étrangers assistent à nos offices, a donné l'ordre le plus sévère d'écarter tous ceux qui se présenteraient dans ce moment ; et une réclusion, dont nul de nous ne peut assigner le terme, serait la punition de celui qui se permettrait de violer cette règle extraordinaire, et dont mon obéissance ne me permet pas de discuter l'équité ; venez cependant, l'office du soir ne tardera pas à sonner, et mal pourrait vous en prendre, si vous étiez trouvés ici par la soldatesque chargée de faire observer la volonté de notre supérieur. »

Cette bizarre défense surprit, comme on peut le croire, ceux à qui on la communiqua ; ils pensèrent tous les deux que l'abbé avait sans doute de fortes raisons pour vouloir écarter ainsi tous les regards curieux; peut-être craignait-il d'être reconnu par quelques-unes de ses victimes, soit lui, soit ceux qui se livraient à de coupables égaremens ; mais quelles que fussent les conjectures qui s'offrirent à l'esprit des deux aventuriers, ils n'eurent garde de se les communiquer, et ils suivirent, sans mot dire, le religieux, qui déjà leur inspirait une entière confiance, et qui, selon eux, ne pouvait avoir trempé dans les complots de quelques-uns de ses confrères.

Les voyageurs traversèrent plusieurs passages éclairés par des lampes suspendues à la voûte, ils montèrent un escalier tournant, et enfin arrivèrent dans une immense chambre, garnie de quatre lits, de quelques chaises, de quatre tables, et d'une cheminée; là, un frère laïque, par qui le religieux s'était fait suivre, alluma une lampe de bronze, et sortit ensuite pour aller quérir de l'eau; le religieux se retira avec lui, après avoir reçu les remercîmens sincères des Pélerins qui se recommandèrent à ses bontés et à ses prières.

Leur premier soin, dès qu'ils se virent seuls, fut d'examiner attentivement le lieu où ils étaient en ce moment; une seule issue conduisait dans la chambre, la porte par laquelle ils étaient entrés; elle donnait sur un long corridor, et elle se trouvait garnie de plaques de fer et de gros verroux placés en dehors, mis en ce lieu comme avec le dessein de s'assurer de la personne de ceux qui habitaient dans la salle des voyageurs. Cette découverte plut médiocrement à Francavilla et à Grimani; ils virent que si on barricadait ainsi la porte il leur serait difficile de parvenir à parcourir le monastère, comme ils en avaient formé l'imprudente résolution; ils sortirent de leur chambre et s'avancèrent dans le corridor pour reconnaître si l'escalier s'élevait aux étages supérieurs; et à peine s'en furent-ils assurés, que le bruit fait par le frère laïque en montant les premières marches, les fit rentrer promptement dans la salle.

Le moine, dont la figure était cachée par un capuce semblable à celui des pénitens, et au travers duquel on ne pouvait distinguer que deux yeux noirs et méchans, était accompagné d'un second frère également vêtu, et portant du linge avec lequel ils se mirent à garnir les lits; pendant qu'ils prenaient ce soin, Grimani, constamment fidèle à son caractère, se permit de leur demander le nom de l'abbé. « On n'interroge pas, et on ne répond point dans le monastère de Santo Génaro, répondirent durement les deux religieux; ce n'est point pour faire des questions que vous êtes ici, mais pour vous reposer et prendre les forces nécessaires pour continuer promptement votre route.»

Ces paroles, prononcées d'un ton qui les rendait plus acerbes, firent comprendre à Grimani l'imprudence de sa demande, il chercha à l'excuser du mieux qu'il lui fut possible; mais les interlocuteurs ne lui répondirent pas pour cette fois.

Ils sortirent encore de nouveau, poussèrent la porte après eux, et tirèrent les verroux avec fracas.

«Voilà, dit Lorédan à haute voix à Amédéo, voilà, frère, le prix de votre indiscrétion; devons-nous ainsi fatiguer les charitables religieux, et les entretenir de choses qui peut-être leur sont interdites par leurs règles?»

Amédéo comprit aisément l'intention de son cousin, aussi s'empressa-t-il de lui répliquer dans le même genre: «J'ai eu tort sans doute de faire cette demande, mais enfin le motif qui me la dictait était loin d'être condamnable; je voulais, comme je l'ai fait jusqu'à ce jour, conserver dans ma mémoire le nom de tous les hôtes qui nous ont reçus dans le cours de notre long voyage, afin de ne pas les oublier dans mes prières de chaque jour. — Soit, je ne blâme pas le motif, mais vous le voyez, il est des lieux où il peut déplaire; ainsi je vous conseille dorénavant de vous en abstenir. » Amédéo s'engagea à se mieux conduire à l'avenir, et la finesse de son oreille crut lui faire reconnaître que leur discours était écouté par un espion, placé, selon toute apparence, derrière la porte de la chambre.

Les deux frères lais ne tardèrent pas à revenir chargés d'une corbeille et de deux flacons; ils tirèrent de la corbeille deux pains, des assiettes, un plat de poisson rôti, des légumes et des dattes; ils dressèrent une petite table, puis croisant leurs bras sur leurs poitrines, ils se préparèrent à servir les pélerins. Ceux-ci, après avoir fait une assez longue prière, commencèrent leur repas, et durant tout le temps qu'il dura, observèrent les lois d'un rigoureux silence.

Il ne leur restait plus à attaquer que le plat de dattes, quand le bruit provenant d'une personne qui marchait gravement derrière eux, attira leur attention; ils se retournèrent et aperçurent deux religieux; l'un était celui qui déjà avait fait leur connaissance dans l'église; l'autre paraissait plus âgé et revêtu d'une fonction supérieure. Les pèlerins se levèrent à leur approche et prirent devant eux une contenance respectueuse. Le religieux, qu'ils voyaient pour la première fois, leur demanda d'abord comment ils se nommaient et d'où ils venaient : « Vénérable père, répondit Amédéo, nous sommes deux frères, habitant tous deux l'antique Syracuse. Le nom de notre famille est Gonsani, je m'appelle Marcillio et mon frère Paolo; nous fûmes élevés par un pieux chanoine, frère de notre mère, qui nous inculqua de bonne heure l'amour dû, de tant de manières, à notre sainte religion, aussi éprouvâmes-nous sans cesse le vif désir d'aller nous laver de nos péchés dans les ondes purificatrices du Jourdain. Dès que j'ai eu accompli ma vingt et unième année, nous sommes partis, Paolo et moi pour Jérusalem; là nous avons gémi et prié cinq jours sans relâche sur le sacré tombeau; puis ayant visité, avec une égale dévotion, tout les lieux célèbres où se sont opérés les mystères de notre rédemption, nous avons quitté la Judée après avoir acquis les précieuses reliques dont nous sommes les porteurs. — Et comment se fait-il, reprit celui qui les interrogeait, que pour aller à Syracuse vous ayez choisi le chemin de Palerme? — Ce n'est point par un effet de notre volonté que nous avons pris cette route; le vaisseau sur lequel nous étions embarqués devait nous déposer à à Girgenti, d'où nous eussions pu facilement gagner notre patrie; mais plusieurs circonstances sont venues nous contrarier en ce dessein ; un bâtiment sarrasin nous a long-temps donné la chasse, et une tempête, en nous délivrant de sa poursuite, nous a jetés loin de notre route bien avant dans la mer d'Afrique; et ce n'est qu'à grande peine que nous avons pu enfin arriver à Palerme. Nous n'avons pris que peu de repos dans cette ville, tant était grande notre impatience d'arriver chez nous, et ayant suivi le chemin de la côte jusqu'à Altanéro, nous avons fixé ce soir pour nous trouver sous les murailles de cette respectable maison. »

Ce récit, fait d'un ton simple et sans hésiter, désarma la défiance du prieur, et entendant les pélerins lui dire qu'ils avait séjourné à Altanéro, il leur fit la demande que déjà Stéphano, leur hôte de la forêt, leur avait adressée, s'ils avaient vu le marquis Lorédan, et s'il s'était passé depuis peu quelque chose de remarquable, soit dans cette forteresse, soit dans le pays par eux parcouru depuis leur débarquement à Palerme ; le prieur, en faisant cette question, s'adressa principalement à Francavilla qui, jusqu'alors, n'avait point parlé ; il crut, ce dernier, qu'un plus long silence pourrait faire naître un soupçon dangereux, aussi répondit-il le plus brièvement possible, en disant qu'il avait entendu parler d'une jeune fille enlevée par des pirates ou par des brigands ; mais que quant au marquis Francavilla ils ne l'avaient point vu.

Le son de voix de Lorédan, quoique déguisé, parut faire impression sur le prieur ; il tressaillit, et faisant un mouvement par lequel il forçait ce seigneur à montrer sa figure du côté de la lampe, il l'examina avec attention ; il allait même lui adresser la parole, mais il se contint, et saluant à demi les deux pélerins, il se retira, faisant signe à son compagnon et aux deux frères lais de venir avec lui.

Nos aventuriers l'accompagnèrent civilement jusqu'à la porte de la chambre; là, à l'instant où le prieur, qui passait le premier, s'éloignait, le jeune religieux s'approchant de Francavilla lui dit, en paraissant le heurter, ce seul mot: *espère*, prononcé d'une voix si basse, qu'il put à peine être entendu; si quelqu'un à son tour parut surpris, ce fut notre héros; il demeura immobile d'étonnement, cherchant à rencontrer les regards de celui qui venait de proférer cette singulière parole; mais le religieux continuait sa marche sans pouvoir connaître la surprise qu'il inspirait.

Cependant les deux frères lais étaient demeurés dans le corridor; ils souhaitèrent une bonne nuit aux pélerins; et, les voyant rentrer dans leur chambre, ils en fermèrent de nouveau la porte; et, à l'aide des verroux, la barricadèrent soigneusement. Lorédan avait grande envie de faire part à Amédéo de ce que venait de lui dire le jeune religieux, mais peut-être avec juste raison redoutait-il une surveillance perpétuelle; cependant, en s'approchant de lui, il trouva le moyen de l'instruire à voix basse.

Grimani, malgré son apparente légèreté, avait déjà de bonnes idées, et une de ce genre le frappa dans ce moment: il prit la main de son ami, et, sous prétexte de lui faire admirer la beauté de la nuit, il le conduisit vers une fenêtre qui s'ouvrait sur un balcon de pierre soigneusement garni de treillis de fer qui, l'enveloppant de tous côtés, ne permettaient pas qu'on pût descendre dans la cour; là, se croyant néanmoins plus à l'abri d'une oreille indiscrète: « Prenez garde, dit-il à Francavilla, que vous ne soyez la dupe du piége tendu peut-être à notre inexpérience; savez-vous pourquoi ce religieux a pu vous parler ainsi? connaît-il nos projets? nous ne nous en sommes ouverts à personne, hors au seul Stéphano, et, si celui-ci ne nous a point trahis, il me semble hors de toute possibilité que ce moine en ait eu connaissance. Ne serait-ce pas une ruse ordinaire pour apprécier les intentions des gens qui viennent chercher ici un asile momentané, et savoir si des desseins secrets ne les y attirent pas? je n'ai pas besoin de vous recommander la prudence; mais ne nous livrons qu'à ceux dont nous n'aurons aucun motif de nous défier. »

Lorédan admira la sagesse de cette réflexion, et promit sans peine de s'y conformer; il engagea ensuite Amédéo à se coucher, car, dit-il à haute voix, nous aurons demain à faire une forte journée. — Mon frère, répliqua Grimani, je vois qu'on nous a garni deux couches; nous avons oublié d'apprendre à nos bons hôtes que le même lit nous a toujours reçus dès le moment de notre naissance. — Eh! bien, répartit Lorédan, qui nous empêche de suivre notre usage. Ils dirent, et, se prosternant aux pieds d'un grand crucifix placé entre deux des lits; ils firent l'un et l'autre une longue prière, puis, se dépouillant en partie de leurs vêtemens, ils se couchèrent sans parler davantage, laissant allumée la lampe qui les éclairait, ainsi qu'on leur avait dit de le faire.

Malgré le danger de leur position, ils ne purent résister au sommeil impérieux commandé par la fatigue de la journée; leurs yeux se fermèrent, et ils ne songèrent plus à leur projet de passer la nuit en veillant. Un bruit de cloches les réveilla en sursaut : ils se mirent sur leur séant, et, encore à moitié assoupis, s'effrayèrent de ce son naturel; mais bientôt, retrouvant leur fermeté : ce doit être, se dirent-ils, le signal qui appelle les moines au chœur pour y chanter l'office nocturne, et ils allaient se rendormir, lorsqu'ils crurent entendre qu'on poussait légèrement les verroux de la porte d'entrée : ils écoutèrent.... et le même bruit continuant, ils ne doutèrent pas qu'on n'eût le projet de profiter de leur sommeil pour s'introduire dans leur chambre. Ignorant le motif d'une pareille tentative, ils s'élancèrent hors de leur lit, et saisirent avec précipitation des épées courtes et à deux tranchans qu'ils avaient toujours tenues cachées sous leur tunique de pélerin, et, revêtant en même temps leur costume, ils se préparèrent à se défendre s'ils étaient lâchement attaqués.

Tantôt le bruit s'arrêtait, puis il recommençait; il était aisé de concevoir que la personne, ou ceux qui voulaient entrer, avaient le désir de parvenir à leur but sans éveiller les pélerins. Ceux-ci, malgré tout leur courage, attendaient avec anxiété le moment où la porte forcée les mettrait en présence de leurs ennemis; enfin les verroux cessèrent de jouer, et les battans de la porte s'ouvrirent sur leurs gonds.

Francavilla et Grimani s'attendaient à voir fondre sur eux une foule nombreuse de brigands armés, et déjà, leur épée à la main, ils étaient prêts à vendre chèrement leur vie, quand, au lieu des ennemis créés par leur imagination, ils virent une figure entièrement voilée de la cime de la tête aux pieds, par une draperie blanche, teinte en plusieurs endroits d'un sang fraîchement versé. Dès qu'elle se fut montrée, elle poussa un sourd gémissement qui retentit jusqu'au cœur des deux amis.

Ce spectre, car quel autre nom pouvait-on lui donner, leur fit un geste impératif qui semblait leur ordonner de venir à lui ; les pélerins balancèrent s'ils obéiraient à cette injonction ; mais le fantôme, la renouvelant avec plus d'impatience, ils firent le signe qui chasse les démons ; et, voyant que la figure n'en était point intimidée, ils se décidèrent à lui obéir ; s'apercevant qu'ils se mettaient en marche, elle se retourna, et, paraissait glisser sur le pavé du corridor ; tous ses pas étaient légers ; elle prit le chemin de l'étage supérieur, éclairée par une lueur extraordinaire qui paraïssait partir de sa poitrine ; elle franchit les degrés de l'escalier toujours suivie par les deux amis qui, avant de s'éloigner avec elle, verrouillèrent soigneusement la porte de leur chambre, afin que si on venait faire la ronde on ne se doutât pas qu'ils n'étaient plus enfermés.

Il était bien entré dans leur désir de parcourir nuitamment le monastère, mais non pas en une aussi étrange compagnie ; et leur bravoure peu commune n'empêchait pas leurs cœurs d'être vivement émus. Du haut de l'escalier, le spectre se dirigea vers un grand tableau qu'il déplaça en touchant un ressort ; une galerie étroite se montra par derrière ; le spectre s'y précipita en tournant la tête comme pour engager les deux amis à ne pas se lasser; aussitôt, eux, comptant moins sur leurs épées que sur leurs reliques dont ils avaient eu grand soin de se munir, se crurent trop avancés pour reculer, et ils le suivirent sans plus attendre. Le tableau se referma derrière eux, et parut ainsi leur interdire le retour.

Lorédan et Amédéo marchaient aussi près l'un de l'autre que pouvait le leur permettre le peu de largeur de la galerie. Le premier ne perdait pas de vue leur mystérieux et effrayant guide; le second, tournant fréquemment la tête, cherchait à se garantir d'une attaque imprévue. Au bout de la route qu'ils suivaient, ils trouvèrent un escalier en limace que le fantôme descendit; il aboutissait à une salle de peu d'étendue, où, quand les pélerins furent entrés, leur conducteur, toujours s'exprimant par un geste, leur demanda de s'arrêter un moment; et soudain la clarté qui brillait sur sa poitrine venant à s'évanouir, il disparut avec elle, et nul bruit ne signala sa retraite.

CHAPITRE VIII.

On se figurerait difficilement le dépit qui s'empara de l'ame de Francavilla et de Grimani ; la terreur produite par la présence d'un être surnaturel fut suspendue pour faire place à la certitude qu'ils avaient d'avoir pu se laisser prendre à un piége qui tendait sans doute à les arracher sans violence de leur chambre pour les plonger dans les ténèbres d'un cachot, où peut-être ils devaient trouver le terme de leur vie. Cette pénible pensée, qu'ils n'eurent pas besoin de se communiquer, les jeta dans un découragement extrême ; ils s'embrassèrent étroitement, et déplorèrent leur aveugle imprévoyance.

Quel espoir pouvait leur rester? de quelle manière pouvaient-ils se flatter de sortir de ce lieu de désolation? quels seraient les amis qui parviendraient à les secourir? les saurait-on dans cet infernal monastère, et pourrait-on deviner qu'ils seraient venus eux-mêmes se précipiter au devant des fers de leurs ennemis?

Tandis qu'ils se livraient en silence à ces tristes réflexions, une lueur, venant d'un point élevé de leur prison, mais dont le foyer leur était inconnu, illumina tout à coup les objets environnans; et à quel comble ne fut point portée la douloureuse terreur de Lorédan, lorsque les rayons de cette vive lumière, qui augmentait à chaque instant, se réfléchirent sur une draperie d'un rouge éclatant, qu'il reconnut pour être ce fatal étendard de la mort que les brigands lui avaient annoncé comme devant précéder toujours l'heure d'une de ses calamités, et qu'au-dessus de ce drapeau funeste il lut en frémissant ces mots provocateurs écrits sur une banderolle: *A toi, marquis de Francavilla, à toi!!*

Dès ce moment, les doutes du baron d'Altanéro et du jeune Grimani se trouvèrent tous éclaircis; et, par un mouvement spontané, se rapprochant de nouveau, ils se serrent dans leurs bras, et à voix basse se font une mutuelle exhortation qui devait les préparer à la mort. Mais les bourreaux ne venaient pas encore; tout était silencieux autour d'eux, et cette attente était pour ces infortunés mille fois plus affreuse que la réalité du péril.

Cependant ils entendirent la cloche du monastère s'ébranler une seconde fois; elle s'agita d'abord lentement, puis ses sons devinrent plus précipités. La clarté qui brillait dans le réduit servant de prison à nos héros, à chaque minute augmentait; ils purent alors voir aisément les objets qui les environnaient, ils se trouvèrent dans une cellule assez étroite, mais longue; à droite et à gauche étaient deux portes, et une vaste boiserie revêtait tout le côté de la muraille qui laissait, de sa partie supérieure sans doute, échapper la lumière qui leur avait donné la triste assurance de leur mauvais sort.

Malgré leur abattement extrême, Francavilla et Grimani résolurent de ne pas se rendre sans avoir, par une défense opiniâtre, puni l'odieuse trahison dont ils étaient la victime; ils s'adossèrent à la boiserie afin de ne pas être surpris par derrière; et d'ailleurs cette position était d'autant plus avantageuse, qu'elle devait empêcher les assassins qu'on leur enverrait de les voir à leur aise; tandis qu'eux, au contraire, à l'aide de la clarté qui venait au-dessus de leurs têtes, pourraient facilement choisir la place où ils voudraient porter leurs coups.

Cependant le calme de leur solitude fut troublé; ils entendirent dans le lointain un bruit sourd de pas et un murmure confus de voix; de temps en temps un son éclatant, tel que celui de deux corps durs et retentissans qui se heurtent l'un contre l'autre, parvenait jusqu'à eux; ils ne doutèrent pas que leurs ennemis ne s'approchassent; ils virent que l'instant du péril ne pouvait plus être retardé, et à chaque minute, ils s'attendaient à voir fondre dans la cellule une troupe homicide de brigands ou de Frères-Noirs.

Au milieu de cette cruelle anxiété, les yeux de Lorédan étaient sans cesse, et comme malgré lui, ramenés sur le sinistre étendard, il ne pouvait en détacher sa vue, malgré l'horreur qu'il devait en ressentir. Ainsi, dit-on, l'oiseau rapide, la souple belette, attirés par les yeux dévorans et impérieux d'un énorme serpent, cherchent vainement à se détourner de l'aspect du monstre; une force irrésistible les y ramène toujours; et soumis enfin au plus horrible ascendant, ils vont eux-mêmes se jeter dans la gueule ouverte de leur ennemi qui les attend sans bouger de la place où il est assuré de les voir accourir.

Lorédan faisait de même : cette sanglante bannière, ces horrible signes de notre destruction, apportaient la terreur et le désespoir dans son âme, et à chaque moment, par une impulsion involontaire, il répétait l'homicide défi, *A toi, marquis de Francavilla, à toi!*

L'horrible position des deux amis durait encore; le même bruit dont nous avons parlé continuait à se faire entendre, toujours dans un pareil éloignement; rien n'annonçait que les brigands s'avançassent, lorsqu'un nouvel incident vint donner un autre cours aux sensations pénibles de Lorédan et de Grimani. Dans ce moment d'épouvante et d'angoisses, une musique éclatante et délicieuse venant frapper leur oreille, fit entendre ses sons ravissans....

Que pouvait-ce être? qui, dans cette heure d'agonie, pouvait ainsi chercher à augmenter leur supplice par le contraste de cette mélodieuse harmonie? Leur esprit se perdait dans les plus vagues conjectures; tout à coup un chœur de voix se fait entendre; il chante les louanges du Seigneur, et les hymnes qui vantent la miséricorde du souverain auteur de toutes choses viennent se mêler aux préparatifs de la plus affreuse vengeance.

On appréciera facilement toute l'amertume, toute la bizarrerie d'une situation semblable. Oh! qu'il tardait à nos pélerins d'en sortir! Ami ou ennemi ils avaient besoin que quelqu'un se présentât à eux. Une pensée douloureuse les affligeait : « Se pourrait-il, se disaient-ils ensemble, que nos ennemis, par un sacrilége rapprochement, voulussent mêler à l'appareil de notre supplice les cérémonies destinées à nos cadavres, lorsqu'ils ne demanderont plus que le repos d'une tombe froide et silencieuse. »

Ce discours fut interrompu par un bruit léger, ils virent la porte opposée à celle par où ils avaient fait leur entrée dans cette prison d'une nouvelle espèce, s'ouvrir en roulant avec lenteur. « Les voici, s'écrient-ils dans leur désespoir. » Ils font un appel à leur courage, se préparent à repousser vigoureusement de misérables assassins.... Ils s'étaient trompés : leur mystérieux conducteur, ce fantôme auquel ils ont obéi, se présente seul, il referme avec précaution la porte, puis venant à eux, et voyant les épées qui arment leurs mains, il s'arrête, lève les bras au ciel, puis leur fait signe de remettre ces fers dans leurs fourreaux.

Les amis hésitent; ils vont parler à haute voix, le fantôme s'élance vers eux, et sans paraître les craindre, pose précipitamment son doigt sur leurs bouches, leur disant, d'une voix étouffée par la terreur : *Silence, ou la mort!* Son action, si elle étonna ceux qui la virent, servit du moins à les rassurer un peu; ils commencèrent à croire que le monastère des

Frères-Noirs pouvait renfermer des cœurs honnêtes; et soit que leur guide fût du nombre de ces mortels généreux, soit qu'il appartînt depuis long-temps à la tombe, et qu'il eût reçu du Très-Haut, la mission de veiller au soin de leur conservation, ils se résolurent à lui obéir en tout, et en même temps leur langue demeura muette, et leurs épées rentrèrent dans leur place accoutumée.

Satisfait de leur docilité, l'être qui leur commandait d'une manière aussi extraordinaire, passant au milieu d'eux, les écarta l'un de l'autre, puis arrivant jusqu'à la boiserie dont nous avons déjà parlé, il l'agita; elle céda à ses efforts, et un volet se détachant du reste, laissa voir à nos aventuriers une grille légère prenant jour sur une tribune, et par laquelle on pouvait apercevoir toute la partie droite de l'église du monastère de Santo Génaro; cette vue, à laquelle ils étaient loin de s'attendre, dissipa soudain la plus grande partie de leur terreur;

en leur donnant l'explication de plusieurs mystères qui, jusqu'alors, leur avaient paru des prodiges, ils virent que la clarté dont leur chambre était illuminée provenait des lampes et des cierges sans nombre allumés dans l'église, et qui parvenait à eux par le dessus de la boiserie découpée en ornemens. Le murmure confus de voix, les chants, trouvèrent leur explication naturelle: les religieux disaient leur office, et en se plaçant dans leurs stalles, ils avaient dû faire le bruit éclatant dont nous avons rendu compte, et un orgue, placé dans le lointain au-dessus de la grande porte, était la cause des sons harmonieux qui avaient tant surpris les nobles pélerins.

En portant autour d'eux leurs regards avides, ils virent que, grace à la grille dorée placée devant eux, ils pouvaient tout observer sans être aperçus des gens placés dans l'église. Leur tribune faisait face au trône abbatial, un personnage d'une haute taille, mais entièrement couvert du costume des Frères Noirs, l'occupait. On ne pouvait reconnaître ses traits, car ils étaient ensevelis sous une immense capuce rouge, marque sans doute de sa dignité, et les pélerins ne doutèrent pas que ce ne fût le père abbé chef de leurs persécuteurs, et celui qu'ils avaient le plus intérêt à reconnaître.

Tous les autres moines imitaient le recueillement de leur supérieur; tous comme lui, se voilaient le visage, un seul n'avait pas pris cette précaution, et son aspect détruisit un soupçon de Lorédan. Il le reconnut pour le jeune religieux qui lui avait dit en passant auprès de lui le mot si agréable d'espérance; et dès-lors ce ne pouvait être celui qui, vêtu d'une manière si effrayante, les accompagnait en ce moment.

Francavilla aussi ne douta pas qu'en les conduisant dans cette tribune on n'eût voulu les mettre à même de distinguer les traits de leur principal ennemi ; aussi s'obstinèrent-ils à ne pas détourner leurs regards de dessus sa personne, afin de profiter du premier moment où il lèverait son capuchon.

L'office continuait ; une cérémonie exigea que l'abbé sortît de sa place ; quatre religieux vinrent le chercher accompagnés de plusieurs acolytes portant des flambeaux d'or, et tous ensemble marchèrent vers l'autel. Ce fut là que l'abbé rejetant son voile sur ses épaules parut à visage découvert ; mais, malgré cette circonstance avantageuse, ni Lorédan ni Amédéo ne purent en profiter. La tribune où ils étaient se trouvait placée à la moitié du maître-autel, de façon qu'on ne pouvait voir que le dos du célébrant et non pas sa figure. Il demeura pendant quelques minutes prosterné sur les degrés de la table sainte, à l'instant où ses compagnons se retournant, et il y avait à présumer qu'il en ferait de même, et qu'alors ses traits se manifesteraient, il s'enveloppa de nouveau soigneusement dans son capuce, et revint lentement vers son trône.

C'est la première fois qu'il en agit ainsi, murmura, d'une voix presque inintelligible, le conducteur des pélerins, *est-ce un pressentiment que lui envoie la providence!* » Surpris de ces paroles, comme il est facile de l'imaginer, Francavilla allait en demander l'explication, lorsqu'un signe de garder le silence lui fut fait, et le fantôme lui ordonna de reprendre sa place.

Une nouvelle surprise naissait dans le cœur de Lorédan ; par deux fois la voix de leur guide, quoiqu'étrangement troublée, était venue frapper son oreille, et il avait cru qu'elle ne lui était pas inconnue; plus il y réfléchissait, plus il acquérait la certitude que déjà, dans le cours de sa vie, il l'avait entendue. Oh ! combien était grande son envie de s'expliquer sur ce point! mais à chaque mouvement que ses lèvres voulaient faire, un silence profond lui était recommandé!

et rendu prudent par la présence constante du danger, il n'osait désobéir à celui qui devait connaître le péril d'une parole indiscrète.

Cependant l'office tirait vers sa fin; les religieux venaient processionnellement défiler devant l'abbé. Ce fut en ce moment que le guide des pélerins, les tirant par le bras, leur donna le signal de la retraite, il les ramena par les mêmes passages qu'ils avaient déjà parcourus et la lueur qui le devançait continua à les éclairer. Il les engagea par son exemple à presser leur course, et en peu de temps ils arrivèrent devant la porte de la salle des voyageurs. Là, leur guide commanda à Grimani, toujours par un geste, de pousser lui-même les verroux; et tandis qu'il prenait ce soin, le fantôme s'approchant de Lorédan, lui remit dans la main un papier roulé; puis s'avançant encore davantage, le serra dans ses bras à plusieurs reprises, et parut verser des larmes et pousser des sanglots étouffés.

C'en était trop pour Francavilla; oubliant toute prudence, poussé par son émotion et sa curiosité : qui êtes-vous, dit-il? pourquoi ne pas vous faire connaître?... Le mystérieux personnage, à ces mots prononcés à haute voix, paraît épouvanté; il se hâte de faire le signe du plus profond silence; s'échappe des mains de Lorédan qui le retenait, le prend et l'oblige d'entrer dans la chambre où Amédée se trouvait déjà, et puis en poussant la porte la referme à l'aide des verroux.

Un long étonnement empêcha d'abord les deux amis de s'expliquer, à voix basse, leur inconcevable surprise; tout leur paraissait, avec raison, étrange dans les événemens qui avaient eu lieu depuis leur entrée dans le couvent de Santo-Genaro; mais ce qui par-dessus tout leur paraissait inexplicable c'était la conduite de leur guide, véritable labyrinthe dans lequel ils ne pouvaient rien démêler. Lorédan était si peu à lui-même, que de long-temps il ne songea pas au papier qu'on lui avait remis, et que machinalement il roulait dans ses doigts. Cependant peu à peu leurs idées se raffermirent, et alors Francavilla, se rapprochant de la lampe dont leur chambre était éclairée, s'occupa à lire ce billet.

« Lorédan (avait-on écrit), car nul » autre que toi n'aurait assez de courage » pour oser pénétrer dans le monastère » des Frères Noirs, en quel lieu t'a jeté » ton imprudence? Sais-tu quel est ton » ennemi? le peux-tu même soupçon» ner? non sans doute; et celui qui t'é» crit n'osera pas te le nommer. Si par » une fatalité malheureuse, tes yeux ne » peuvent le reconnaître cette nuit, il » importe à ton repos, à celui de ceux » qui te sont chers que tu ne quittes pas » encore Santo Génaro. Feins, toi ou ton » compagnon, une indisposition subite; » demande alors à être conduit à l'infir» merie; là, on aura plus de facilité pour » communiquer avec toi; mais redouble

» de prévoyance ; songe que des yeux » sinistres et vigilans éclaireront toutes » tes démarches ; qu'on épiera tes actions » les plus innocentes ; car où le crime se » trouve, l'inquiétude et la crainte doi- » vent se rencontrer. Brûle ce papier; » qu'il n'en reste point de trace ; le péril » est partout : *prudence , discrétion.*

» *P. S.* J'oubliais de t'apprendre que » les paroles sinistres par lesquelles on t'a » menacé ici, sont le passeport de tous les » brigands qui se trouvent mêlés à un » petit nombre de pieux cénobites, dignes » par leurs vertus de se voir délivrés du » joug qui pèse sur eux ; tu seras leur libé- » rateur ; et puissent les mots destinés à » signaler ta perte , *à toi marquis Fran- » cavilla, à toi!* devenir ceux qui en trom- » pant tes adversaires assureront leur » châtiment.

Lorédan demeura charmé d'avoir re- çu un avis de cette importance ; il avait maintenant la certitude la plus complète que des amis veillaient sur lui ; mais qui pouvait être le chef de ses protecteurs? à quel cœur fidèle le ciel avait-il confié le soin de sa défense? Cette pensée l'occupait; tout-à-coup comme frappé d'un trait de lumière, «oh! Grimani, s'écria-t-il d'une voix étouffée, je le connais, ce généreux protecteur, et quel autre pourrait prendre ma défense. C'est toi, Luiggi, oui, c'est toi.» — «Que dites-vous, repartit Amédéo, est-ce du prince Montaltière que vous parlez?» — «Et de qui donc pourrais-je, si ce n'était de lui avoir cette opinion. Voyez, Grimani, voyez comme avec lui tout s'explique. Vous le savez, dégoûté du monde; il chercha la solitude, il vint sans doute la trouver dans le monastère des Frères Noirs. Là, par la volonté du ciel, il fut instruit des complots qu'on machinait contre moi: sa tendresse en fut alarmée, et depuis ce moment il veille à ma sûreté; j'ai reconnu sa voix, lorsque dans la tribune de l'église il me recommanda la discrétion; mon oreille et mon cœur en ce moment ne se trompèrent pas; vous en faut-il une nouvelle preuve? rappelez ces embrassemens qu'il vient de me prodiguer avant de se séparer de nous, et reconnaissez dans tous ces témoignages le meilleur comme le plus noble des amis. »

La chose parut plus que probable à Amédéo, et lui aussi en demeura convaincu. « Combien il me tarde, dit-il à son tour, de me trouver en présence de ce fantôme, jusqu'à cette heure l'objet de mon involontaire terreur; avec quel empressement je lui demanderai des renseignemens sur la charmante fille dont il fit sans doute son émissaire. Il pourra peut-être me donner des nouvelles sur son sort, et alors nos divers buts se trouveront remplis, et nous pourrons revenir plus contens à Altanéro. »

Lorédan sourit de la chaleur avec laquelle son jeune cousin s'exprimait; il lui promit de ne pas négliger auprès de Luiggi les éclaircissemens qui pourraient le conduire à connaître la position véritable de la belle inconnue. « Vous le voyez, poursuivit-il, comme tout devient facile à expliquer avec mon idée que Luiggi a été notre conducteur. Est-il extraordinaire que les tablettes d'Ambrosia se soient par hasard trouvées dans ses mains au moment de sa brusque retraite. Conduit par moi chez le duc Ferrandino, cette maison était devenue la sienne; on aimait, on y appréciait ses aimables qualités; il avait plusieurs portraits de Ferdinand son frère, et il a mis l'un d'eux dans les précieuses tablettes. Oui, voilà maintenant la vérité connue sous tous les points, et mon inquiétude en partie dissipée. »

Je n'opposerai à toutes vos probabilités, répliqua Grimani, qu'une seule objection, et je vais vous la faire. Pourquoi, si votre protecteur dans cette maison était le prince Luiggi, ne s'est-il pas fait connaître, soit en nous parlant, soit en vous écrivant dans les tablettes que vous deviez livrer aux flammes; et pourquoi enfin, n'y reconnaissez vous pas son écriture.

Je puis, répartit Francavilla, vous répondre d'une façon, j'ose dire victorieuse. Luiggi est peut-être lié à l'association des Frères Noirs par quelque serment terrible que sa conscience ne lui laisse pas le droit d'enfreindre; peut-être a-t-on exigé de lui, ceux qui l'on mis au fait de cette trame odieuse de ne point paraître s'en mêler. Dès-lors, est-il extraordinaire que, pour m'écrire, il se soit servi d'une main étrangère; il ne me paraît point probable qu'il soit seul ici, ses immenses richesses lui donnant la possibilité de gagner bien des serviteurs par l'appât irrésistible de grandes récompenses. Déjà je lui connais trois émissaires; la jeune fille de la prairie, le vieillard Stéphano et le religieux qui, hier au soir, m'a parlé d'Espérance; peut-être même faudrait-il encore y joindre ce Jacomo dont Stéphano nous a fait l'éloge. Vous voyez, Amédéo, que Montalière déploie en ma faveur des moyens extraordinaires; et le 22 de ce mois, si j'en crois ce qu'on nous a dit naguères, je puis espérer d'être complètement éclairci; c'est peut-être le moment où mon ami pourra s'expliquer avec moi, sans manquer à ses promesses.

Grimani convint que tout ce que Lorédant venait de dire, était marqué du sceau de la vraisemblance; cependant comme l'horloge principale du monastère venait de sonner trois heures du matin, il demanda à Francavilla s'il ne serait pas temps d'essayer à chercher le repos, avec d'autant plus de plaisir que leur inquiétude devait être bien diminuée. Lorédan acceda à sa proposition, mais avant de se livrer au sommeil, il voulut brûler le billet qu'il avait reçu comme on le lui avait conseillé; puis ils convinrent que le baron d'Altaréno serait celui qui feindrait une maladie; et ces divers soins pris, ils entrèrent dans leur couche, où leurs yeux ne tardèrent pas à se fermer.

CHAPITRE IX.

Depuis long-temps le jour brillait, et le soleil était monté sur l'horizon, quand nos héros s'arrachèrent au sommeil ; à peine avaient-ils quitté leur lit, qu'un bruit de verroux leur annonça la venue de quelque personnage du monastère ; et les deux frères lais de la veille, accompagnant le jeune religieux, se montrèrent alors ; celui-ci s'adressant aux pélerins : « Vous avez peut-être, leur dit-il, éprouvé quelque impatience d'avoir été renfermés jusqu'à ce moment ; et selon toute apparence, vous eussiez voulu de meilleure heure continuer votre route ; mais je vous prie de nous excuser, nous avons été distraits de nos soins ordinaires par plusieurs événemens. Notre père abbé a voulu partir inopinément pour aller visiter des domaines de notre dépendance, situés aux environs de Taormine, et il a emmené avec lui le père hospitalier chargé de nous donner ses soins.

» Ce n'est que depuis peu qu'on est venu m'en instruire, et je me suis empressé de vous rendre la liberté, vous engageant auparavant à vous rafraîchir et à prendre votre part du déjeûner de la maison. »

Il dit, et les frères lais garnissent la table de quelques frugales productions. Les pélerins apprirent avec joie le départ de l'abbé dont ils se méfiaient avec raison; ils crurent son absence favorable à leur projet; et Lorédan répondit à celui qui venait de parler :

» Il est vrai que nous aurions cherché à partir de meilleure heure, si je n'eusse pas senti s'augmenter le mal qui me tourmente depuis notre débarquement en Sicile. Je souffre beaucoup d'une extrême faiblesse dans les nerfs de ma jambe gauche; ils me refusent leur secours, et ce sera avec peine que je pourrai faire quelques pas; ne serait-il pas possible, vénérable religieux, d'obtenir de la charité de vos supérieurs, la faveur de prolonger notre séjour dans ce saint monastère, pour donner à mes forces épuisées par un long voyage, le temps de se remettre comme j'en ai bon besoin; excusez ma prière si elle est indiscrète, et croyez qu'elle est l'expression de l'impérieuse nécessité. »

Le religieux, à ces mots, laissa errer sur ses lèvres un fin sourire dont les voyageurs prétendus apprécièrent le motif; puis il répliqua en ces termes.

» Notre institution nous oblige, pèlerins pieux, à recevoir et à soigner dans leurs maladies, ceux qui viennent nous visiter. A Dieu ne plaise que par un refus barbare, nous autorisions davantage les bruits injurieux répandus sur notre compte dans toute la Sicile. L'institution des Frères Noirs est mal connue; et nous ne mériterons jamais, je l'espère, l'animadversion du chef suprême de la monarchie. Puisque votre santé s'est affaiblie, demeurez ici pour la soigner, nous chercherons à la rendre meilleure, et j'en prendrai un soin plus particulier, étant le premier infirmier; mais dans le moment vous devez changer de demeure vous devez venir en un lieu où plus facilement on vous prodiguera des secours; et si vos nerfs vous le permettent, vous devez vous rendre à l'infirmerie avec moi. Quant à votre compagnon, la nuit, il habitera cette chambre; le jour, il pourra demeurer près de vous. Je vais, en conséquence, tout disposer, dans le moment, par une rencontre singulière, nous n'avons aucun malade; déjeûnez tranquillement; reposez-vous; on ne tardera pas à venir vous chercher.

Lorédan se confondit en excuses; il

remercia humblement le religieux ; et quand celui-ci fut parti, voyant que les frères lais ne s'éloignaient pas, il convia le prétendu Marcilio (c'était le nom de convention porté par Grimani), à se mettre à table; et tous les deux, par un déjeûner arrosé d'excellent vin, songèrent à prendre des forces; car il pouvait arriver qu'ils en eussent besoin. Le repas se passa à répandre des bénédictions sur l'obligeante hospitalité exercée dans le monastère de Santo-Génaro. Ils avaient achevé leur repas, et les frères desservaient la table, quand un nouveau personnage se présenta; c'était ce Jacomo qui avait déjà par deux fois paru aux regards de Francavilla; la première quand il était venu dans Altanéro reclamer de la part de l'ennemi secret de Lorédan les tablettes mystérieuses; la seconde dans la cabane de Stéphano.

Lui, de son côté, si le déguisement du marquis ne lui permettait pas de le reconnaître en cette qualité, du moins vit-il en lui et en son compagnon les deux pélerins avec lesquels il avait causé la veille; aussi, leur parlant avec quelque gaîté: « Ah! vous voilà donc mes saints voyageurs, leur dit-il; vous avais-je trompé lorsque, hier chez Stéphano, je vous engageai à vous diriger vers notre couvent? certes, avais-je tort de vous vanter la réception que vous pouviez y espérer; et ne direz vous pas de nous que, pour être noirs nous ne sommes pas si diables. »

— « Ce ne fut jamais notre pensée, répondit Lorédan; et maintenant moins que jamais elle pourrait nous être inspirée; ce n'est pas à ceux qui sont comblés par vos respectables pères à les outrager, et plus que jamais nous acquérons la certitude qu'il ne faut pas se fier aux apparences. »

— « Oh! reprit Jacomo, quand bien même vous nous eussiez jugés sur notre réputation, vous n'auriez pas eu grand tort; elle est assez mal établie. »

— « Vous tairez-vous Jacomo, dit alors un des frères Lais, le même qui la veille avait répondu si grossièrement à la simple question de Grimani ; êtes vous chargé de décrier le monastère, et sera-t-il impossible de clouer votre langue ; je ne sais à quoi songe notre révérend abbé quand il emploie un inconséquent de votre sorte ; faites votre devoir sans vous mêler d'autre chose ; on vous a chargé de conduire les pélerins à l'infirmerie, obéissez à l'ordre qu'on vous a intimé, et soyez assuré que s'il vous échappe une parole indiscrète de plus ; je me fais fort, une heure après, de vous faire descendre dans le grand caveau qui est sous la grosse tour de l'occident.

— « Là! là! signor Barbaro, répondit Jacomo, soyez moins sévère je vous prie, on vous a choisi, vous, pour vous taire, et moi, pour agir ; remplissons chacun notre rôle ; vous, espionnez dans l'intérieur, tandis que, s'il le faut, j'irai au dehors me faire casser la tête pour la plus grande gloire de notre illustre abbé. »

Cette réponse, aussi comique que ferme, parut intimider un peu le frère lais, il ne répliqua rien, et se contenta de lever les épaules; puis s'adressant aux pélerins: « Allez, leur dit-il, à l'infirmerie où l'on a marqué votre place; suivez ce *fier-à-bras* qui ne sait pas vous expliquer ce qu'on lui avait recommandé de vous dire. »

— « Va, Barbaro, dit son camarade, je voudrais te voir en plaine au milieu des bandits de la forêt, lorsqu'il y a un engagement avec les gendarmes de quelque haut baron, pour savoir si tu ne perdrais pas à ton tour la mémoire, à mesure néanmoins que tu retrouverais tes jambes; va, ce ne sera jamais toi qu'on qualifiera de *fier-à-bras;* tout au plus te désignera-t-on sous le sobriquet de *fine-oreille.* »

Malgré l'embarras de leur situation,

les deux cousins ne purent s'empêcher de rire en écoutant le démêlé dont Jacomo leur parut remporter tout l'avantage; ils se préparèrent à le suivre, et lui, faisant une mine comique à Barbaro, marcha devant eux. Lorédan, en cet instant, se rappela ce que le vieux Stéphano lui avait dit; aussi, choisissant la minute où ils traversaient tous les trois un long corridor, il dit à demi-voix, mais de manière à être entendu de son conducteur, ces mots mystérieux : « Les glaces de l'Etna sont éternelles comme ses flammes. »

A ces mots le bandit s'arrêta; il regarda Lorédan avec stupéfaction; mais celui-ci n'eut pas l'air de s'apercevoir de sa surprise; il se contenta une seconde fois de répéter les mêmes paroles; et pour lors Jacomo, s'inclinant devant lui, répondit plus bas encore : « Les glaces et le feu seront la punition du méchant. » Puis il ajouta, après avoir soigneusement regardé autour de lui :

« Diantre, vous devez être de grands amis de Stéphano, pour qu'il vous ait confié ce mot de passe ; avec lui vous me ferez faire tout ce que vous voudrez ; mais par Dieu point d'imprudence au moins... »

Peut-être en eût-il dit davantage ; mais il aperçut venir à lui le père Prieur, celui qui la veille était monté dans la chambre des hôtes, pour interroger les voyageurs ; ce nouveau personnage parut surpris de rencontrer les pélerins ; il demanda à Jacomo où il les conduisait.

« Révérend père, lui répliqua-t-il, le plus âgé de ces bons pélerins étant tombé malade dans la nuit, par suite des fatigues de son voyage, a sollicité la faveur de se reposer plus long-temps dans votre insigne monastère ; et d'après les ordres du frère Luciani je le mène à l'infirmerie. »

— « Voilà, dit le prieur, une indisposition bien subite, cependant il ne faut rien négliger pour la dissiper ; allez, pélerins, allez où l'on vous attend ; et toi,

Jacomo, engage le frère Luciani à venir me parler lorsqu'il en aura le temps. » Une inclination respectueuse apprit au religieux qu'on exécuterait son ordre; il s'éloigna; mais par deux fois il se retourna pour examiner la démarche de nos héros, tant, malgré leur attention à la rendre ordinaire, il s'y montrait de la noblesse et de l'élégance.

Enfin on parvint à la salle de l'infirmerie; plusieurs lits y étaient placés avec ordre; chacun avait une large ruelle avec des rideaux de drap vert, quelques frères se promenaient en silence dans cette vaste pièce. Luciani, ainsi se nommait le jeune religieux, vint au-devant des pélerins, montra à Lorédan le lit qu'il occuperait, et sans affectation lui dit ensuite : « Si vous voulez satisfaire à quelques nécessités, voilà une petite porte par laquelle vous pourrez passer. » En lui parlant ainsi, il le regarda fixement, et Francavilla comprit que cette issue ne lui était pas indiquée sans dessein.

Jacomo remplit auprès du grand infirmier la commission que lui avait donnée le père prieur; et sur-le-champ le religieux se hâta de se rendre auprès de son supérieur. Jacomo le suivit peu de temps après; et les frères continuant à se promener ou a lire des livres de piété, demeurèrent comme pour ne pas perdre de vue les deux pélerins.

Cette contrainte désagréable causait principalement un vif déplaisir à Amédéo; il ne pouvait s'accoutumer à une surveillance perpétuelle; et pour beaucoup il eût voulu en être délivré; il prenait pourtant patience, espérant dans le retour du grand infirmier ou de Jacomo; mais ni l'un ni l'autre ne paraissant, il ne put plus long-temps se contraindre; et allant trouver celui qui paraissait être le chef des frères, il lui demanda s'il n'y avait pas moyen de se promener dans cette sainte maison.

« Oui da, mon frère, repartit le moine, la chose est bien facile; vous avez dû remarquer combien la première cour est vaste; et d'ailleurs, si l'espace vous paraissait par hasard trop borné, vous pouvez descendre dans la forêt et la parcourir tout à votre aise. » Il y avait tant de flegme dans cette réponse, qu'Amédéo hésita à juger si l'on avait voulu se moquer de lui; sa vivacité, sa hauteur naturelle l'eussent ailleurs souffert peu de temps, mais ici force lui était de se soumettre, et il fut obligé de paraître s'en contenter.

Mais il n'avait pas la ferme résolution de demeurer tranquille; l'inaction lui était trop contraire; et d'ailleurs, il ne perdait pas de vue son projet de travailler à la délivrance de la belle inconnue, s'il pouvait parvenir à être instruit du lieu de sa détention.

Lorédan avait vu avec peine la demande indiscrète de son ami, et son extrême prudence lui faisait également comprendre le danger de ne pas y donner de suite. Alors l'envie exprimée, de parcourir le monastère, pouvait éveiller le soupçon, et il y avait tout à craindre à inquiéter la vigilance des Frères Noirs; aussi, prenant à son tour la parole: « Je sens bien, mon cher Marcillio, que vous eussiez voulu vous promener assez près de moi pour être à portée de me donner vos soins s'ils me devenaient nécessaires; mais outre que la charité de ces bons religieux ne me laisse rien à désirer de ce côté, je ne suis pas d'ailleurs malade au point d'effrayer votre tendresse; ne vous contraignez donc pas, je vous en conjure; allez librement parcourir la forêt; peut-être les beaux sites vous rappelleront-ils d'aimables souvenirs, en les comparant aux délicieuses campagnes qui environnent notre chère Syracuse. »

Amédéo voulait insister pour rester encore auprès de son prétendu frère; mais il finit par se rendre sur les nouvelles prières de Lorédan, et il engagea un religieux de vouloir bien le conduire hors de l'enceinte intérieure des bâtimens; l'un des infirmiers acquiesça à sa demande. Il lui fit traverser une foule de passages, descendre plusieurs escaliers; et enfin, à sa grande satisfaction, ils parvinrent dans la première cour. Là, son conducteur donna ordre au frère portier de permettre au pélerin de sortir, et puis il se retira, laissant Grimani libre et en face de la nature.

Malgré lui, le noble jeune homme éprouva quelque joie en se voyant momentanément hors du pouvoir de ses ennemis, car, lui aussi, donnait ce titre aux Frères Noirs, par cela seul qu'il les accusait d'avoir pris part au rapt de la belle villageoise; il descendit rapidement le sentier par lequel on arrivait à la plaine, et s'étant fait reconnaître au corps-de-garde de la tour, il acheva d'entrer dans la forêt.

Ce pouvait être alors la douzième heure du jour; et, à ce moment, la chaleur est extrême dans la Sicile. Le soleil dardait ses rayons avec force, et Amédéo se hâta de chercher la fraîcheur à l'ombre des arbres antiques de la forêt; il ne tarda pas à éprouver un changement extrême dans la température; l'air continuellement agité par le balancement du feuillage, se dépouillait d'une partie de son ardeur. Tout était en repos dans le bois; les oiseaux eux-mêmes, dans ce moment, cessaient leur ramage un calme universel régnait sur toute la nature, et la cigale seule faisait entendre son cri perçant.

Amédéo ayant entendu murmurer quelque onde prochaine, courut de ce côté dans la pensée de se rafraîchir encore d'avantage dans ses flots; il vit une petite rivière sortant avec impétuosité d'une vaste caverne, et qui, rencontrant d'énormes rochers en commençant son cours, était obligée de les surmonter pour les franchir; et dès lors elle retombait en cascade écumante, sur les mousses le gazon et les jolies fleurs dont cet endroit était couvert; mais si ce spectacle était ravissant, le peu de profondeur de la rivière ne pouvait convenir au dessein de Grimani; il imagina de suivre le courant, certain d'arriver enfin à un endroit plus resserré; et il prit avec plaisir ce but de promenade.

Depuis un quart d'heure il marchait, lorsque tout-à-coup ses yeux furent frappés par la vue d'un bâtiment assez considérable qui s'élevait dans la solitude de la forêt; c'était une espèce de grosse tour carrée, flanquée dans ses angles de quatre tourelles, et environnée d'un fossé très-profond revêtu en pierres soigneusement taillées, et à sec; mais précédé par les eaux de la petite rivière qui l'environnaient de toute part. On ne voyait point de porte qui pût donner entrée dans cette forteresse; seulement à une extrême élévation, on apercevait quelques fenêtres longues, étroites et soigneusement garnies de barres de fer.

La vue de ce bâtiment ainsi construit,

qui paraissait d'ailleurs entretenu avec soin, donna à penser à Grimani ; il le considéra comme une dépendance nécessaire du couvent de Santo Génaro, et il lui vint dans la pensée que ce pouvait être le lieu où les brigands devaient renfermer leurs prisonniers. Tout le confirmait dans cette idée ; les précautions prises pour interdire l'approche de ce lieu de désolation ; les deux enceintes qui l'environnaient de leur double défense ; l'absence de toute porte, ce qui faisait présumer qu'on ne s'y introduisait que par une issue souterraine et communiquant au monastère.

Dès-lors, de nouveaux projets, se présentèrent à Grimani ; il brûlait déjà du désir de quitter la demeure de leurs ennemis, pour tourner ses attaques contre ce fort, et il ne voulait pas remarquer qu'à moins d'en faire l'attaque régulière, à la tête d'un corps nombreux de troupes, il paraissait impossible de dépasser ses remparts ; mais un cœur bien épris ne voit jamais les obstacles, ou s'il est contraint de les apercevoir, il se croit assez habile ou assez puissant pour les surmonter.

Amédéo oubliait en ce moment le dessein qui lui avait fait prolonger sa promenade ; il ne songeait point qu'il demeurait exposé aux rayons d'un soleil dévorant, et peut-être à un péril plus dangereux encore, aux regards de quelque gardien de la forteresse ; car il n'était pas a présumer qu'un édifice de cette importance ne fût pas confié aux soins d'un ou de plusieurs geoliers.

Cependant, la chaleur continuant, força enfin notre aventurier à revenir à lui ; il pensa également aux ennemis que ce château pouvait renfermer, et, fâché d'avoir passé tant de temps à le regarder avec une attention qu'on eût pu remarquer, il s'éloigna de quelques pas ; rentra dans la forêt, et se cachant avec soin sous un taillis épais, il se décida à rester en sentinelle jusqu'à l'instant où le jour vers son déclin, lui ordonnerait de revenir au monastère; il ne pouvait perdre l'espoir de faire en ce lieu une importante découverte.

Mais rien ne venait répondre a son attente; il s'impatientait sans néanmoins se décourager; et satisfait d'avoir trouvé un asile où on ne pouvait le découvrir, il s'abandonnait à toutes les rêveries d'un amour extravagant. Quel autre nom pouvait-on donner à la passion subite et extrême que lui avait inspirée la simple vue de la jeune inconnue.

Grimani rêvait à elle, quand il fut détourné du cours de ses idées par un nouvel incident; un bruit assez considérable se fit auprès de lui; il se tourna avec précaution, sans pouvoir deviner d'abord quelle en était la cause. Tout le feuillage le cachait bien de ce côté; mais des voix s'élevèrent, et il put alors apprécier l'étendue du danger qu'il courait; plusieurs brigands venaient d'arriver par différentes routes à une espèce de salle de verdure qui se trouvait en cet endroit, et où sans doute ils avaient la coutume de se rencontrer.

CHAPITRE X.

Soustrait à leurs regards par le hasard qui l'avait bien servi jusqu'à cette heure, Amédéo espéra que leur conversation peut-être l'éclairerait sur ce qu'il avait tant d'envie de savoir; aussi prêta-t-il une oreille attentive, et son attente en partie ne fut pas déçue.

« Eh bien, Negroni, dit l'un d'entre eux, as-tu battu aujourd'hui l'estrade avec avantage? as-tu fait quelque prise dont tu puisses te vanter ou t'applaudir? » — « Non certes, Claudio; et que veux-tu que nous fassions, soit dans la forêt, soit dans ses alentours. Depuis que le diable, sous la figure des révérends

Frères Noirs est venu habiter le monastère de Santo Génaro, la frayeur s'est partout répandue; un voyageur illustre ne s'exposerait plus à traverser la forêt sombre; et, s'il s'y trouve par fois quelque téméraire, ce ne peut être jamais qu'un misérable villageois; aussi n'est-ce plus dans ce lieu mais bien au loin que les bons coups sont à faire.

Claudio répartit: « De mon côté j'ai été plus heureux; je viens de rencontrer une troupe de gendarmes, ayant à leur tête un vieux baron, qui cotoyait la forêt et n'avait garde d'oser pénétrer dans son enceinte; j'étais seul, séparé même de tous nos camarades par d'assez longues distances, de manière qu'il fallait, ou me cacher, ou feindre; j'ai pris ce dernier parti; je me suis présenté sans affectation dans le chemin suivi par le signor, et lui, dès qu'il m'a aperçu, à commandé à ses gens une évolution militaire, et l'on a fondu sur moi. Dans le premier moment où je les ai vus venir à bride abattue, j'ai presque eu peur; car enfin je ne pouvais pas savoir s'ils n'avaient pas reçu l'ordre de m'assommer avant d'entrer en explication; mais je n'ai point tardé à reconnaître que j'avais mal pris la chose; on ne voulait de moi qu'un simple renseignement.

» Monsignor le marquis Mazini, car ce vieux noble a eu grand soin de se nommer, m'a appris qu'il était à la recherche de deux de ses neveux, le baron Amédéo Grimani, et le marquis Lorédan Francavilla, baron d'Altanéro; ces deux signors avaient disparu dès l'avant dernière nuit, et on était fort en peine sur leur compte; on soupçonnait notre maître sans le désigner cependant, puisqu'on ne le connaît pas, d'avoir fait ce beau coup. »

Vous pensez, compagnons, que je n'ai pas tardé à savoir de quoi il s'agissait; je n'avais pas oublié encore que je faisais partie de la bande introduite si subtilement dans les murailles d'Altanéro, le jour où le marquis Lorédan en prenait possession; et où, j'ose dire, nous fîmes une si belle peur à lui et à tous ses honorables convives; je ne doutais donc pas que le vieux marquis n'eut, du premier coup, deviné l'affaire, et que ses chers parens, comme il les désignait, ne fussent tombés en effet dans quelques-uns de nos piéges; en conséquence, je jugeai nécessaire, plus que jamais, de feindre; car, voyez-vous, ces gens-là étaient si animés qu'ils eussent pu avoir l'incivilité de me pendre sur l'heure, s'ils m'avaient par hasard soupçonné.

» Signor marchése, ai-je dit, je ne sais ce qui depuis hier à quatre heures de l'après-midi, a pu arriver à leurs excellences les marquis Francavilla et baron Grimani; je puis seulement vous donner l'assurance qu'à ce moment ils jouissaient d'une parfaite santé; je les ai vus tous les deux montés chacun sur un cheval de prix; mais, il est vrai, sans suite aucune; je sortais de la forêt, portant ma provision de bois accoutumée (il faut bien l'y aller chercher puisque le besoin nous y force, quoique nous y soyons assaillis sans cesse par des brigands et par des lutins); lorsque ces seigneurs sont passés devant moi. « Vilain, m'ont-ils dit, con- » naîs-tu une route sûre et qui abrège le » chemin au travers de cette forêt; nous » allons à Taormina, nous sommes pres- » sés, et nous ne voudrions pas allon- » ger notre course ? »

» Excellences, leur ai-je répondu, quand je saurais mille sentiers qui pussent abréger de plus de la moitié la route que vous avez à faire, je me garderais bien de vous les faire connaître, ne voulant pas être la cause infaillible de votre malheur. Gardez-vous d'entrer dans ces bois maudits, si par hasard vous tenez à la vie.

» Il y a donc, l'un d'eux m'a-t-il répliqué, quelque vérité au milieu des contes qu'on nous en fait sans cesse ?

» Ma foi, excellence, je voudrais bien

que tout en fût mensonge, car je n'aurais pas eu ce matin la douleur de rencontrer le cadavre d'un pauvre voyageur, auquel des démons ou des sorciers sans doute, ont arraché le foie et le cœur; je l'ai trouvé tout palpitant encore, et voilà le sort déplorable qui nous attend, nous qui, journellement, fréquentons la forêt.

» Ce discours, signor marchèse, ai-je dit au vieux baron, a fait impression sur les deux gentilhommes; ils m'ont donné cette pièce d'argent, et ils ont chevauché tout le long de la lisière de la forêt.

» Vous devez croire, camarades, que j'ai cherché à mettre dans mon récit une entière apparence de vérité; j'ai su si bien faire que ce signor y a été pris.

» Voilà, s'est-il écrié, une bien bizarre envie, d'aller à Taormina sans en rien dire à personne; à courir sans suite dans un pays aussi dangereux; mais puisque, grâce à cet honnête vilain, nous sommes un peu rassurés sur les craintes que nous pouvions avoir, je vais m'en revenir à Altanéro; et vous, s'est-il adressé à un officier de sa suite, continuez à cheminer avec six de vos gendarmes, et arrivez jusques à Taormina pour servir au retour d'escorte à ces imprudens.

»Puis se tournant vers moi, il m'a donné pour mes bons renseignemens cinq grosses pièces d'or; je me suis jeté à genoux devant lui; je l'ai appelé le bienfaiteur de ma pauvre famille; enfin j'ai si bien joué mon rôle qu'il m'a pris pour un villageois des environs. Je ne vous parle pas de toutes les histoires que je leur aicontées sur la forêt; aussi il n'y en a pas un seul d'entre eux qui osât s'y introduire, à moins que ce ne fût en la compagnie d'une armée.

»Voilà le récit de mon aventure; je ne veux pas tarder à aller au monastère pour en faire part; je suis seulement surpris que si le baron d'Altanéro a été enlevé, on ne m'ait point mis dans la confidence de cette expédition. Quels sont donc ceux des nôtres qui en ont été chargés? »

Plusieurs voix s'élevèrent pour dire unanimement : « Ce n'est pas moi, ni tel, ni tel. » Enfin on passa en revue tous les bandits qu'on y eût pu employer, et comme on savait où ils avaient passé la journée, il fut clairement prouvé que si Lorédan et Amédéo avaient disparu, ce ne pouvait être par l'effet d'une entreprise dirigée par le chef de la bande; ce point arrêté, la conversation ne tomba pas; on se mit à conjecturer au sujet de la disparition de Francavilla ou de son voyage mystérieux. Un des bandits prenant la parole, prouva qu'il en avait presque deviné le véritable motif.

« Ce signor, qui est parti sans en rien dire à personne, ne serait-il pas guidé dans son voyage par l'envie de savoir ce qu'est devenue la jeune fille que nous enlevâmes si brusquement sous ses yeux;

Peut-être, à l'exemple des anciens preux normands, dont Orphano nous chante quelquefois les aventures, il est en course pour retrouver cette innocente beauté. »

A ces mots la bande éclata de rire, et Amédéo, comme on le doit présumer, redoubla d'attention; car enfin on venait de parler de ce qui pouvait l'intéresser davantage en ce moment; il voyait avec peine l'effroi de son oncle, et l'inquiétude des amis et des vassaux de Lorédan; mais tous ces chagrins étaient effacés par l'espérance d'en apprendre davantage sur le compte de la villageoise.

« Parbleu, dit le brigand qui s'appelait Négroni, ce doit être une chose plaisante que de voir ce vaillant chevalier parcourir peut-être toute la Sicile sans se douter que près de lui repose l'objet de tant de sollicitude.

— « Quoi! reprit un interlocuteur, est-ce que la jeune fille ne serait pas dans cette tour, dit-il en désignant la forteresse. »

— « Eh ! qui te fait présumer le contraire, misérable scélérat, dit Négroni ; crois-tu que nous ayons des prisons dans toute l'étendue de l'île ; les nôtres sont assez grandes, assez cachées sans avoir besoin d'en chercher ailleurs. Mais n'avez-vous pas tous achevé votre repas ? qui vous retient ici encore, la fainéantise, le *benne detto par mente* ; allons, allons, que chacun revienne à ses travaux, et toi, Claudio, va au monastère instruire le père abbé de la sortie de son ennemi ; il est possible qu'il ne le sache pas, quoique je parierais bien que d'autres plus alertes lui en ont déjà donné la nouvelle. »

Les bandits allaient se séparer, lorsque tout-à-coup les sons d'une guitare se firent entendre ; ils partaient de l'intérieur de la tour, et semblaient être le prélude de quelque chant.

« Ah ! ah ! dit un brigand, voilà du fruit nouveau, et depuis quel temps donne-t-on à nos prisonniers les moyens de faire de la musique? ne craint on pas qu'elle ne soit entendue par quelque voyageur?»

— «Je doute, répliqua Négroni, qu'il se trouve un homme assez hardi pour s'aventurer, particulièrement dans cette partie de la forêt; elle est trop redoutée, et d'ailleurs qu'importe ce qu'on pourrait entendre, nul n'aura envie de lier conversation avec le musicien; si la chose par elle-même était possible, on croirait trop devoir s'attendre aux réponses d'un farfadet.»

— «Cependant si un chevalier plein de courage passait par ici; le penses-tu impossible?»

— «Non, mais notre maître l'a voulu, il cherche à complaire à notre belle prisonnière, et oublie peut-être en sa faveur les règles de la prudence accoutumée.»

Ces mots terminés, les brigands, peu curieux de musique, se séparèrent, et Amédéo respira enfin. Les paroles qu'il venait d'entendre, la certitude qu'une belle prisonnière pleurait dans ces murailles voisines, et plus encore l'annonce que l'abbé voulait se rendre agréable à celle qu'il détenait, le plongèrent dans une inquiétude étrange; il tremblait que l'amour ne se fût élevé dans le cœur d'un méprisable scélérat, et que sa belle inconnue ne fût l'objet de cette passion criminelle. Cependant la guitare ne cessait de se faire entendre; bientôt une voix éclatante se joignit aux sons de l'instrument, et elle chanta l'hymne suivante, expression certaine de ses mélancoliques pensées.

Sacré flambeau du jour, soleil, par ta présence,
Mon cœur flétri long-temps échappe à ses ennuis;
Quand je puis te revoir je trouve l'existence.
Et ma peine renaît alors que tu t'enfuis.

En de sombres cachots en leur nuit désastreuse,
Alors que l'infortune y gémit dans les fers,
Ton absence est pour elle une mort douloureuse,
Et son deuil est celui que porte l'univers.

Elle rêve à l'instant où ranimant le monde,
Tel qu'un géant superbe, en ton cours radieux
Tu lances des flots d'or de ta clarté féconde,
Ou père des saisons, tu règnes dans les cieux.

Oh! qu'il voudrait le cœur, en sa pénible attente,
Pouvoir, près d'un ruisseau, sous un ombrage frais,
S'animer aux rayons de ta flamme vivante,
Et s'ouvrir au plaisir en voyant tes attraits.

Mais non... de tristes murs l'obscurité sans terme,
Un air toujours épais, les traits d'un froid perçant,
Augmentent les horreurs du cachot qui l'enferme,
D'où, pour comble de maux, le soleil est absent.

Oh! qu'il est grand celui dont la bouche puissante,
T'ordonne de jaillir du chaos ténébreux,
Celui qui te frayant ta course éteincellante,
Sema de tes rivaux les abîmes des cieux.

Qu'il vienne à mon secours, que ce dieu me permette
De pouvoir librement jouir de ta chaleur,
Et que je puisse enfin, sortant de ma retraite,
En reprenant l'espoir retrouver le bonheur.

Les différentes émotions par lesquelles Amédéo avait successivement passé depuis quelques jours, n'étaient en rien comparables à celle qu'il éprouva dans ce moment; le ravissement inexprimable dans lequel le jeta la voix harmonieuse qui venait de faire entendre ce chant; la certitude presque complète de l'avoir reconnue pour celle de la jeune villageoise, le transportèrent dans un autre monde; il se jura à lui-même, avec une impétuosité sans pareille, d'employer tout son pouvoir, toutes ses forces, toutes celles de ses amis, pour forcer les murailles de cette prison; mais il voulut essayer s'il ne lui serait pas possible de parvenir à se faire voir de la pauvre recluse; et, oubliant toute prudence, il sortit de sa retraite, et s'avança jusqu'au bord du premier fossé; là, tournant de tous côtés, il chercha à faire quelqu'importante découverte; mais la chanteuse s'était apparemment retirée, et nulle figure humaine ne se présentait aux créneaux ou aux fenêtres de la tour.

Amédéo, plus impatient, se préparait à pousser plus loin sa dangereuse entreprise, lorsqu'il se sentit frapper rudement sur l'épaule; il se retourna avec vivacité, et se trouva en face d'un brigand armé d'une longue épée, d'un casque et d'un bouclier. « Hola! oh! pélerin, lui cria le nouveau personnage, que fais-tu ici? et qu'as-tu à démêler avec les prisonniers enfermés dans cette tour?»

A cette interrogation imprévue, Grimani connut son tort; il chercha à y donner du remède en disant, qu'égaré dans sa promenade, il était venu jusqu'à ce lieu, et que là, attiré par une musique et une voix charmante, il avait eu la curiosité bien naturelle de chercher à découvrir qui pouvait chanter ainsi. Mais, puisque, ajouta-t-il, on me fait un crime de cette action, je me retire et j'avoue mon imprudence. — Alte-là, lui dit le brigand d'une voix plus menaçante encore, je n'ai pas rempli tout mon devoir; je dois, pour obéir aux ordres qui me sont donnés, frapper de mort tout téméraire qui, venant dans ce lieu, y surprendrait les mystères dont on veut interdire la connaissance; tu l'as fait, malheureux, ainsi prépare-toi à mourir; je veux bien, par pitié pour ton âme, te donner le temps de te recommander à ton saint patron; prie-le bien, mets-toi à genoux, et songe que tu ne te relèveras plus. » A ces épouvantables paroles, Amédéo n'eut garde de répondre par des supplications ; paraissant se résigner à sa triste destinée, il exécuta l'ordre que lui intimait Négroni, dont il avait reconnu la voix ; il se mit dans la posture commandée, mais en même temps, et par un mouvement rapide, à l'instant où le bandit élevait son glaive, Amédéo, plus prompt que l'éclair, dégage sa courte épée du fourreau caché sous sa tunique, et la plonge dans le cœur de l'assassin, qui tombe sur le sable sans pouvoir achever le blasphême qu'il avait commencé de proférer.

Après une action semblable, les momens étaient précieux ; il y avait à craindre que le brigand ne fût pas seul, et que quelqu'un de ses camarades n'accourût pour venger sa mort. Amédéo, inspiré par une subite idée, saisit le cadavre de son lâche ennemi, et le traîna dans le fossé plein d'eau, où il ne tarda pas à disparaître ; il y jeta également ses armes; et, ce soin pris, vaincu par le désir impérieux de se conserver pour travailler à la délivrance de sa belle, il se décida à retourner dans le monastère des Frères Noirs.

Amédéo avait d'ailleurs le dessein de prévenir Lorédan, des démarches faites par leur oncle pour les retrouver, et de lui raconter aussi tout ce qui lui était arrivé ; il était de plus inquiet des nouvelles portées sans doute par les brigands au monastère ; et, maintenant que le lieu où la villageoise était renfermée lui était connu, il croyait ne rien avoir à faire dans les murs de Santo-Genaro. Cependant il ne s'éloigna pas de cette place fatale sans avoir adressé ses remercîmens à la providence; et, ayant rempli ce soin pieux, il reprit le chemin du couvent.

Il n'avait plus à franchir que l'espace situé devant la colline sur laquelle s'élevait le monastère, lorsqu'il vit venir à lui Jacomo. « Grâce immortelle soit rendue à mon saint patron, dit celui-ci en apercevant Amédéo, de vous rencontrer après tant de recherches; venez, suivez-moi; n'avancez pas du côté de la tour de garde, ou vous êtes perdu; il n'y a plus rien à faire pour vous dans cette demeure; et, puisque vous êtes dehors, perdez l'envie d'y rentrer. »

Amédéo, vivement surpris d'une phrase pareille, allait questionner Jacomo; mais celui-ci le prévenant: « Prenez, lui dit-il, sans tarder d'une minute, prenez ce manteau, ce capuce et cette ceinture, enfin endossez le costume des Frères Noirs; il n'est pour vous de salut que dans leur uniforme, et vous avez tout à craindre si vous tardez d'un moment. »

Grimani, malgré son étonnement et sa ferme résolution de retourner encore au lieu où se trouvait Lorédan, crut pouvoir, sans se compromettre, céder aux désirs du bandit; et, en peu de momens, il eut revêtu les livrées d'une odieuse association. Ce soin rempli, il allait faire part de sa résolution, lorsque Jacomo, le prenant par le bras, voulut le faire pénétrer plus avant dans les épaisseurs de la forêt.

« Je ne vous suivrai pas, lui dit Amédéo, je veux et je dois retourner auprès de mon frère malade. Je ne vois point le motif qui peut vous engager à vous jouer de moi; car pourquoi me faire prendre ce costume, et que peut avoir à redouter un pauvre pélerin tel que moi. »

— « Je me contenterais, pour le reste de ma vie, répliqua Jaçomo en souriant, de ressembler en tout au pauvre pélerin qui me parle; mais, saint homme, votre rôle est fini dans le couvent; il n'y ferait pas bon pour vous; d'ailleurs vous n'y rentreriez point: l'ordre est déjà donné, à la tour de garde, de se saisir de votre personne si vous vous y présentiez. Il est survenu de belles affaires depuis que vous êtes parti; et il se passerait plus d'une heure avant que je pusse vous les toutes raconter. »

Une pensée occupait Amédéo : le danger que courait peut-être Lorédan ; il s'en expliqua avec toute la chaleur d'une belle âme, et ses expressions touchèrent le cœur du bandit. « Allons ! allons ! lui dit-il, s'il y a du danger, les choses ne sont pas aussi fâcheuses que vous pouvez le craindre, et voici un papier dont la lecture vous rassurera peut-être, si vous voulez la faire. »

En parlant ainsi, Jacomo tira de son sein une lettre ; et Amédéo, la saisissant avec empressement, reconnut, au premier coup d'œil, qu'elle avait été écrite par la même main qui avait tracé le billet remis à Lorédan par la figure mystérieuse ; elle contenait ces mots : « Les événemens se pressent, et deux personnes sont plus difficiles à sauver qu'une seule ; puisque la providence vous a conduit hors de Santo-Genaro, il n'est plus convenable que vous y reveniez ;

soyez sans inquiétude sur le sort de votre frère. Un ami! un ami qui lui fut bien cher veille sur lui au péril de sa vie; suivez le guide qu'on vous donne, allez avec lui dans la cabane de Stéphano ; et si, dans vingt-quatre heures, je ne vous fais rien savoir de nouveau, vous pourrez alors, à l'aide de votre déguisement, vous rendre au château d'Altanéro ; là votre frère ne tardera pas à vous rejoindre. »

Grimani, malgré l'impulsion secrète de son cœur, se crut dans l'obligation de suivre les avis de leur protecteur invisible. Il dit donc à Jacomo qu'il était prêt à le suivre ; et tous deux s'acheminèrent vers la demeure de Stéphano. Notre héros eût bien voulu que la route à suivre les conduisît à la forteresse solitaire ; il chercha même à diriger leurs pas de ce côté ; mais le bandit lui fit observer qu'il connaissait mieux les chemins par où l'on devait passer, et lui fit prendre des sentiers qui l'en éloignaient.

« Pressons-nous, lui dit-il, signor, j'ai hâte de vous déposer en lieu de sûreté ; et je craindrais beaucoup si nous étions rencontrés par les postes avancés de nos gens ; ils passent le jour et la nuit à rôder dans la forêt, et leur pénétration est difficilement mise en défaut : il y a surtout un certain Négroni qui devine, à la seule inspection des personnes, leur profession ou le rang par elles occupé dans le monde ; il est brutal à plaisir, et c'est pour lui une satisfaction que de faire couler le sang. Dieu nous garde d'être abordés par lui. »

Amédéo eût pu facilement rassurer son conducteur sur la crainte qu'il témoignait d'être aperçu par ce Négroni ; mais il ne connaissait pas encore assez ce bandit pour lui faire une telle confidence ; il se contenta de sourire intérieurement, en songeant que du moins il n'avait frappé qu'un scélérat détestable. Cependant, puisqu'il se trouvait seul avec Jacomo, il crut pouvoir lui demander s'il avait connaissance des personnes renfermées dans la prison isolée, et si la jeune fille enlevée l'avant-veille n'y avait pas été emmenée.

Jacomo répliqua que, n'ayant pas été de cette expédition, il ne pourrait savoir ce que cette fille était devenue, et que, n'ayant jamais été introduit dans la forteresse, il ignorait le sexe et le nom de ceux qu'on y renfermait.

Grimani, fâché de voir que son conducteur prétendît ignorer une chose pareille, lui dit : « Vous ne nierez pas également que vous ne connaissiez celui qui persécute le marquis Francavilla.

— « Oh ! pour cela, répartit Jacomo, en devenant votre guide je ne vous ai pas pris pour mon confesseur ; je suis chargé de vous mener sans malencontre chez mon ami Stéphano ; vous rendrez témoignage, quand il en sera temps, si je me suis bien acquitté de cette commission ; mais, par mon saint patron, n'exigez pas plus de moi ; je ne suis pas à votre solde; j'appartiens à qui me paie; et, nous autres bandits, nous avons aussi notre fidélité.»

— « Si, par une forte somme, je pouvais vous attirer à mon parti, reprit vivement Amédéo, je vous en promettrais une qui surpasserait votre espérance.»

— « Signor, répliqua Jacomo froidement, ne proposons pas aux gens qui nous servent de les acheter contre l'intérêt de leur bienfaiteur. Ne devez-vous pas craindre, si j'étais accessible à l'appât du gain que vous m'offrez, que je ne le fusse également à celui d'une plus forte somme, proposée par votre ennemi. »

Amédéo demeura frappé d'une pareille réponse, sortie surtout de la bouche d'un tel brigand, et il admira qu'une vertu se fût établie dans une âme de cette sorte.

CHAPITRE XI.

Après la dernière réponse que nous avons rapportée au précédent chapitre, Grimani ne se flatta plus de diriger à son gré le bandit, son conducteur; il jugea dorénavant convenable de ne plus faire de nouvelles tentatives pour le gagner, et il se plut dans l'espérance que Stéphano parlerait plus facilement, ou ferait parler Jacomo; tandis qu'il roulait ces pensées dans sa tête, il entendit dans les halliers un bruit assez fort, suivi de deux coups de sifflet aigus.

« Diantre, se mit à dire Jacomo, voici peut-être Négroni, ou quelqu'autre de cette trempe; à toutes les questions qu'on pourrait vous faire, enveloppez-vous dans une réserve prudente; songez que vous êtes un novice du monastère, et que vous allez remplir une mission par ordre du père prieur ; mais j'oubliais la première chose à vous apprendre, le mot d'ordre.

— « Je crois le savoir, répliqua Grimani, il y a dans Santo Génaro des gens qui avaient en moi plus de confiance que vous n'en avez témoigné ; ne sont-ce pas les mots sinistres : *A toi, marquis Francavilla, à toi !*

— « C'est justement cela ; mais tenez-vous ferme ; voici nos ennemis, et c'est Michalo qui est à leur tête. »

Amédéo vit en même temps déboucher de l'épaisseur du taillis quatre brigands à figures atroces qui, à la vue des deux voyageurs cachés sous le costume des Frères Noirs, s'approchèrent d'eux, et s'arrêtant, ils s'écrièrent : « *Vengeance et secret.*

— » *A toi, marquis Francavilla, à toi!* » repartit Jacomo, tandis que Grimani, troublé de cette rencontre imprévue, et indigné à l'aspect de ces méprisables ennemis, oublia de répondre comme son conducteur, et demeura dans un profond silence.

« Par Santa Rosalia, s'écria le chef des bandits, c'est, je crois, le révérendissime père Jacomo qui me fait l'honneur de me répondre; et où va-t-il avec ce digne religieux, qui a cru compromettre sa dignité en ne nous répondant pas comme il aurait dû le faire.

— »Tu ne te trompes pas, Michalo, c'est Jacomo qui te parle; mais je n'ai pas l'honneur de faire partie des confrères noirs, je me contente comme toi d'être à leur solde; il n'en est pas de même de mon compagnon; c'est un jeune homme d'une haute espérance, particulièrement protégé du père prieur, et chargé, en ce moment, d'une mission qui réclame toute son adresse, et qui, sans doute, occupe toute son attention.

— »A-t-elle, reprit Michalo, quelque rapport avec le château d'Altanéro? Tout est dans la confusion dans cette superbe demeure; l'oiseau a ma foi déniché; le seigneur Lorédan est en course aussi lui, et nul de nous ne l'a rencontré encore; tous les nôtres le cherchent avec soin; car elle est bonne, la récompense que le père abbé nous a fait promettre par l'organe du père prieur, pour celui qui mettrait la main sur cet illustrissime personnage.

—« En tous cas, répartit Jacomo, le père prieur a pris sur lui la parole qu'il vous a donnée; car depuis ce matin l'abbé a quitté le monastère pour aller à Taormina, avant que Claudio nous apportât la nouvelle de la sortie subite et de la disparition du marquis. »

Durant toute cette conversation Grimani n'était pas à son aise; il bouillait d'indignation contre ses atroces persécuteurs; et la dissimulation qu'il gardait lui paraissait affreuse; mais il n'était pas au bout de ses angoisses; un nouvel incident allait les augmenter. Un cri rauque partit non loin du lieu où Amédéo se trouvait; les brigands répondirent à cet appel, et l'un d'eux s'écria : « Voilà le signal de détresse, pressons-nous, camarades, de courir vers celui qui nous demande assistance. » Il dit, et tous s'élancent à la fois; Jacomo ne veut pas être le dernier; Grimani se voit contraint à les suivre. Appelés par les cris, se répétant d'intervalle en intervalle, la troupe arriva auprès de la rivière qui serpentait dans la forêt; là, elle trouva un bandit qui, donnant les marques d'une vive désolation, venait de tirer du cours de l'eau le cadavre d'un homme nouvellement tué.... Chacun le reconnut : c'était celui de Négroni!

A cette vue, une clameur générale s'éleva; Négroni était considérable parmi les brigands; sa bravoure, sa férocité le rendaient précieux à cette foule criminelle; il ne s'en trouva pas un qui ne jurât de venger sa mort. Ils se répandirent à ce sujet en d'horribles imprécations; tous, par un mouvement spontané, tirèrent leurs sabres et les plongèrent tour à tour dans la large blessure qui avait enlevé la vie à leur camarade, les teignirent de son sang, et jurèrent par l'enfer de ne point demeurer tranquilles avant d'avoir effacé ce sang par celui du meurtrier.

On doit croire que Grimani ne pouvait se trouver à son aise; lui seul par bonheur n'avait point d'armes; sa courte épée, cachée sous sa tunique et recouverte par la robe ample des Frères-Noirs, était invisible, et il n'avait pas envie de la montrer; car elle était encore teinte de ce sang qu'on promettait de venger. Il remarqua avec surprise que Jacomo paraissait autant acharné que les autres contre le meurtrier de Negroni, et il se félicita de ne point s'être ouvert à lui.

Cependant les conjectures naissaient en foule; les bandits cherchaient à deviner l'auteur de cette mort; on rejeta d'une voix unanime la possibilité d'un duel par suite d'une querelle entre Négroni et l'un de ses camarades; et, en même temps, on décida qu'il n'avait pu succomber que sous les coups d'un ennemi, et tous à la fois désignèrent Lorédan ; lui seul, disaient-ils, pouvait avoir l'audace de parcourir la forêt; et sa vaillance, fameuse par toute la Sicile, permettait de croire qu'il eût été le vainqueur de Négroni; dès-lors on ne douta pas qu'il ne fût dans ce lieu, et l'on parla de se séparer pour mieux le rencontrer, et pour le combattre.

L'un des brigands s'adressant à Amédéo : « Frère, lui dit-il, si vous êtes un des disciples du père prieur, vous devez plus que tout autre apprécier la perte qu'il vient de faire; le brave Négroni était son bras droit, celui qu'il chargeait de toutes ses commissions les plus hasardeuses; celui qui le servait dans ses haines ou dans ses plaisirs. »

Grimani, malgré sa répugnance à prendre sa part d'une pareille conversation, crut, dans cette circonstance, où on lui parlait directement, ne pouvoir, sans danger et sans éveiller les soupçons, garder plus long-temps le silence : « Je savais, dit-il, le cas que mon protecteur faisait de celui que vous pleurez, et je ne doute pas de la peine extrême que cette mort pourra lui causer.

« — Quant à toi, Jacomo, dit l'un de la troupe, le soin de la vengeance te regarde d'une façon plus particulière ; une fraternité d'âme, une amitié indissoluble, telle que de braves gens comme nous savent former, t'unissaient à lui ; ce sang te dicte ton devoir, et tu verseras celui de l'assassin, ou tu perdras ton honneur, auquel tu dois plus tenir qu'à la vie. »

« — Je sais ce que je dois faire, repartit brusquement Jacomo, et nul ne se plaindra de ma conduite. » En l'entendant ainsi parler, en apprenant quel nœud le liait à Négroni, Amédéo se sentit agité ; il craignait que, par une trahison le bandit ne signalât sa première vengeance, et à chaque moment il attendait que Jacomo, lui arrachant son capuce, le livrât à la colère de ces infâmes scélérats; il n'en fut rien; et Jacomo parut impassible.

Cependant on se consultait pour effectuer de promptes recherches; chacun jugeait que le vainqueur de Négroni ne devait pas être loin: le cadavre conservait encore une apparence de chaleur. Plusieurs dirent qu'il fallait aller vers la demeure de Stéphano, où peut-être le marquis Lorédan se serait retiré; Amédéo en frémissait déjà, sachant que c'était le lieu choisi par leur mystérieux protecteur, pour le réunir à son cousin; et que s'il était presqu'impossible d'y parvenir sans rencontrer une troupe de brigands de garde, à plus forte raison, le péril devenait plus imminent, si, pour chercher le meurtrier de leur camarade, ils s'y dirigeaient pour en fouiller l'intérieur, et en surveiller les alentours.

Jacomo ne le laissa pas long-temps dans cette crainte: «Compagnons, dit-il, je marche précisément dans la route qui mène à cette cabane, et je me charge du soin de prendre, auprès de Stéphano, tous les renseignemens nécessaires. Qui sait, peut-être n'en aurai-je pas besoin; peut-être Négroni sera-t-il vengé avant que je parvienne à la maison isolée. »

Il y avait dans l'accent qu'il mit à prononcer ces paroles, quelque chose d'âpre et de dur qui fit tressaillir Amédéo; il songea que Jacomo le soupçonnait peut-être, et qu'il se réservait la satisfaction de l'assassiner lorsqu'ils se seraient éloignés du groupe; cette pensée le frappant, il se promit de se tenir sur ses gardes, et de ne point perdre de vue les mouvemens de son conducteur.

Les brigands enfin se séparèrent, et l'un d'eux reçut la mission de courir au monastère, donner au père prieur la nouvelle du trépas de son principal satellite, et de la croyance générale où l'on était que Lorédan devait en être coupable; ils en étaient si bien convaincus, qu'en se séparant, ces misérables s'écrièrent à plusieurs reprises et comme pour mieux s'animer : *Mort à l'assassin de Négroni : à toi, marquis Francavilla, à toi !* Ce cri sinistre fut, dans le lointain, répété par cent voix diverses, et Amédéo acquit la pénible certitude qu'il était environné des ennemis de son cousin.

Cependant Jacomo s'était mis à cheminer, et Grimani dut le suivre. Un profond silence régnait entre les deux personnages, et l'intrépide Amédéo réfléchissait aux paroles de vengeance prononcées par le bandit ; il avait honte de paraître le craindre, en ne se faisant pas connaître pour le meurtrier de Négroni, et ce sentiment, devenant le plus fort dans son cœur, il s'arrêta tout-à-coup, et saisissant Jacomo par sa robe, il lui dit de s'arrêter aussi.

« Non, répliqua le brigand, nous ne sommes pas en lieu commode pour nous parler ; des indiscrets pourraient ici nous interrompre ; mais à quelques pas je vous entendrai d'abord, et puis vous m'écouterez ensuite; car moi aussi je prétends vous parler. »

Un nouveau silence suivit cette briève réponse, et Amédéo vit bien qu'un grand événement allait se passer. Son conducteur le mena vers une masse de rochers s'élevant sur la gauche de leur route; ils passèrent, pour y parvenir, au travers d'épais buissons où nul sentier n'était tracé; Jacomo gravit les pointes saillantes de la montagne, imité par Grimani; et enfin, après un quart-d'heure d'une marche pénible, ils arrivèrent dans une petite enceinte de cent pas en carré, entièrement environnée d'une muraille naturelle, excepté vers l'occident, où une fissure assez large ouvrait un passage. Les deux voyageurs parvinrent à cette place en descendant le long des anfractuosités des rochers; ce lieu semblait propre à une conférence secrète, car il était physiquement impossible d'être aperçu, ou même soupçonné de qui que ce fût.

Jacomo s'assit tranquillement sur une pierre isolée, et de la main invita Grimani à suivre son exemple; mais celui-ci, dont la défiance s'augmentait à la vue de l'enceinte où on l'avait amené, se refusa à condescendre aux désirs du bandit. « Hé bien, lui dit alors celui-ci, vous avez à me parler, me voilà tout prêt : je vous écoute :

—» Vous avez juré, lui répliqua Amédéo, de tirer vengeance de la mort de votre frère de choix; connaissez-vous son meurtrier? »

— « Je soupçonne que je le connais; mais n'importe, je ne suis pas fâché d'acquérir une entière conviction à cet égard.

— « Eh bien, Jacomo, c'est moi. »

—« Tant pis; je voudrais que ce fût plutôt un autre; j'avais promis de veiller sur vous. »

—« Votre compagnon voulut avec férocité m'arracher la vie, parce que j'errais autour de la petite forteresse, où les Frères Noirs gardent leurs prisonniers. »

— « Qu'aviez-vous à vous plaindre, il faisait son devoir : j'en eusse fait de même à sa place. »

— « Je l'ai prévenu ; et ce glaive, continua Amédéo en montrant son épée, lui a donné le coup mortel. »

— « Grâce à mon saint patron, répliqua Jacomo, vous venez de m'ôter une grande peine ; je ne vous croyais pour toute arme qu'un seul poignard, et alors le combat eût été inégal, et j'en aurais eu du regret ; mais, puisque vous êtes armé comme moi, me voilà tranquille. Si j'eusse ressemblé à tous mes camarades, je fusse tombé sur vous lorsque j'étais dans leur compagnie, et vous eussiez été bientôt expédié ; je n'ai eu garde de le faire ; car enfin j'avais promis de vous conduire chez Stéphano, et je devais tenir ma promesse ; si je vous dois justice, je dois vengeance aux restes de Négroni et voici le meilleur endroit pour vider cette affaire. Je ne me crois pas invincible, et certes, vous ne devez pas être un homme ordinaire puisque vous avez immolé le premier de la troupe; si par hasard je succombe encore sous vous, prenez cette route; passez à travers ces rochers séparés; à cent pas d'ici vous trouverez la cabane de Stéphano; si, au contraire, je suis assez adroit pour vous arracher la vie, j'y porterai votre corps inanimé; ainsi, de façon ou d'autre, mon serment sera tenu; ne vous en prenez qu'à vous-même si je ne vous y mène pas de la façon la plus agréable; mais puisque le fer est chaud, il faut le battre: allons, mettez-vous en garde, et préparez-vous. »

Amédéo, dont le cœur généreux était susceptible des plus nobles sentimens, ne put s'empêcher d'admirer la conduite du brigand; il y trouvait une sorte d'héroïsme barbare, digne d'une meilleure cause; et cependant, inaccessible à la crainte vis-à-vis d'un ennemi qu'il pouvait espérer de vaincre, il se prépara à répondre à son appel.

L'avantage était balancé entre les deux combattans; Jacomo, plus fort, plus robuste qu'Amédéo, avait pour lui sa taille élevée, son poignet vigoureux et son intrépidité féroce; Grimani, plus leste, plus adroit, se servait avec agilité de son arme, ayant appris de l'art les moyens de s'en servir; tous deux déployèrent dans cette lutte, qui devait finir par la mort de l'un ou de l'autre, tout ce qu'ils savaient de précieux pour se garantir eux-mêmes; en frappant son adversaire, Jacomo portait de rudes coups; Amédéo les parait avec prestesse, et sa résistance faisait croître la rage de son ennemi: Jacomo, le fer à la main, n'était plus qu'un brigand altéré du sang de sa victime.

Déjà par deux fois il avait frappé Grimani à la cuisse et au bras sans que celui-ci eût pu lui faire une seule blessure; le bandit, animé par cet avantage, voulut redoubler; il espérait la victoire et il dirigea avec force son glaive vers le cœur de son adversaire; mais Grimani ne le perdait pas de vue; par une passe adroite il enlève l'épée de Jacomo, et en même-temps, allongeant la sienne, il l'introduit dans les flancs du bandit.

Jacomo se sentant dangereusement blessé profère un effroyable blasphême; il s'élance en avant pour se précipiter sur Grimani; celui-ci l'évite; et sa course l'entraînant, il tombe sur l'arène; et perdant son sang avec abondance, il n'a plus la possibilité de se relever, et semble près de perdre la vie.

A la vue de ce malheureux gisant sur le sable, Amédéo, digne de son rang, sent naître la pitié dans son cœur; il ne se rappelle plus que Jacomo voulait sa destruction; il songe au contraire à prévenir la sienne; il déchire son mouchoir; il cherche à bander sa plaie du mieux qu'il lui est possible puis se rappelant qu'il doit être près de la demeure de Stéphano, il n'hésite pas à y courir, au hasard de rencontrer peut-être les autres camarades de Jacomo.

CHAPITRE XII.

Sa marche l'eut bientôt menée hors de l'enceinte des rochers; il vit en effet que leur ouverture donnait sur la prairie où était située la cabane de Stéphano; par bonheur le bon villageois sortait en ce moment pour aller jouir sans doute des dernières clartés du jour; il ne fut pas médiocrement étonné de voir venir à lui un Frère Noir, (on doit se souvenir que Grimani en portait le costume) ayant ses vêtemens ensanglantés, et tenant son épée également teinte de sang; Stéphano frémissant, s'attendait peut-être à quelque sinistre catastrophe, lorsque Grimani, soulevant son capuce, lui fit reconnaître un des pélerins auxquels, la veille, il avait accordé l'hospitalité; cette vue dissipa une partie de ses craintes.

« Stéphano, lui dit notre aventurier, je revenais vers vous, conduit par l'émissaire du protecteur qui a veillé sur nous dans les murailles du monastère de Santo Génaro, lorsqu'une querelle malheureuse s'est élevée entre nous; Jacomo, c'est lui dont je vous parle, a voulu me punir de la mort d'un brigand, son ami, que j'avais immolé pour ma légitime défense; il m'a appelé en combat singulier, et je crois l'avoir dangereusement blessé; hâtez-vous, s'il est possible, de venir avec moi lui apporter de prompts secours. »

Après lui avoir ainsi parlé, Amédéo lui expliqua mieux encore l'affaire. Stéphano prit dans sa maison divers objets; et apprit alors à Grimani que les brigands s'adressaient souvent à lui pour les guérir de leurs blessures; car il avait étudié la chirurgie à Messine. Amédéo se montra charmé de cette circonstance, et tous les deux allèrent auprès de Jacomo. Il avait perdu une grande quantité de sang, et sa faiblesse était extrême; cependant il n'était pas évanoui; et, trouvant des ressources dans la vigueur de son tempérammment, il luttait avec succès contre la souffrance; ses yeux lui avaient permis de voir la conduite généreuse de son vainqueur; aussi s'empressa-t-il de lui tendre la main comme pour se réconcilier avec lui.

Stéphano voulut le panser sur la place; puis, à l'aide du chevalier, il dressa une espèce de brancard, sur lequel Jacomo fut transporté dans la cabane, où le vieillard le coucha dans un lit voisin du sien. Le brigand se montrait, durant ce temps, impatient de prendre la parole; enfin, ayant essayé de murmurer quelques mots, il dit au maître du logis : « Le père Luciani vous recommande de veiller à la sûreté de ce preux baron, jusqu'à l'heure où son ami viendra à vous par la route qui vous est connue. » Ce peu de mots épuisèrent les forces de celui qui venait de parler, et il tomba dans un profond évanouissement.

Amédéo, avec peine, crut qu'il expirait; mais Stéphano le rassura. Il avait soigneusement visité la plaie, et elle ne lui paraissait pas mortelle; au contraire, il en avait bonne opinion; il rassura notre héros, qui commençait à s'attacher à son singulier adversaire.

« Mais, seigneur, lui dit-il ensuite, vous devez songer à votre sûreté; la nuit est presque close, et il est impossible que je ne reçoive pas la visite de quelque camarade de Jacomo, soit pour s'enquérir avec moi si je n'ai pas vu le meurtrier de Négroni, soit pour tout autre cause; il est donc nécessaire qu'on ne vous aperçoive point. Je veux leur paraître ignorer la cause de la blessure de Jacomo; il la leur contera lui-même quand il aura repris ses sens; pour vous, suivez-moi, je vais vous conduire en un lieu où vous pourrez vous reposer tranquillement, sans craindre aucune fâcheuse rencontre. »

Grimani le remercia par avance; en même temps il lui avoua que son estomac fatigué avait besoin de prendre quelque nourriture; Stéphano lui promit de fournir à tous ses besoins, et le fit passer dans l'arrière-chambre de sa demeure. Là, il alluma une lampe; puis s'approchant d'une armoire qui paraissait très-massive, il parut vouloir l'ébranler.... en ce moment on frappa violemment à la porte de la cabane; et comme Stéphano n'avait point pris le soin de la barricader, elle fut en même temps ouverte.

Le vieillard, troublé par cet incident, perdit la tête; il ne songea pas à continuer son opération, et, au contraire, il sortit en toute hâte de la pièce où il se trouvait pour aller dans la première, laissant Amédéo exposé à un nouveau péril.

Deux bandits venaient d'entrer, et soudain appelant Stéphano, ils lui apprirent avec empressement que Négroni avait perdu la vie; que l'on soupçonnait le baron d'Altanéro de lui avoir donné la mort; et que ce seigneur, avec un de ses parens, parcourait la forêt: « Ce doit être, ajouta l'un des deux pélerins qu'hier, nous rencontrâmes; ils furent demander l'hospitalité au couvent de Santo Génaro; l'un a, ce matin, quitté le monastère sous prétexte de se promener dans la forêt; l'autre, se prétendant malade, est demeuré chez les Frères-Noirs; et le vieux prieur, concevant de justes soupçons sur son compte, a soudain ordonné son arrestation. »

Ces paroles furent un coup de foudre pour Grimani; une vive douleur s'éleva dans son âme en apprenant que leur protecteur n'avait pu sauver Lorédan, puisque ce dernier était prisonnier; Grimani avait tout à craindre de la haine féroce portée par les Frères-Noirs au vertueux Francavilla, et il apprécia facilement l'étendue du danger que ce chevalier courait; une extrême impatience de le secourir, si la chose était possible, s'éleva en lui; il vit que pour y parvenir, il fallait désormais employer la force, et chercha à réunir une troupe assez nombreuse pour aller l'arracher du monastère ennemi.

A cette époque, nulle police n'existait en Sicile; chaque seigneur prenait lui-même le soin de se défendre, de garantir ses propriétés et de venger ses offenses; on se réunissait plusieurs ensemble; on formait une ligue contre ceux dont on avait à se plaindre; et la querelle vidée à force ouverte, attirait rarement l'attention du souverain. Mais le marquis Lorédan était aimé du roi régnant; on pouvait espérer que ce monarque voudrait s'employer pour le rendre à la liberté, s'il vivait encore, ou pour punir ses assassins, si on l'avait immolé.

Dans tout autre pays, et au XIVe siècle, où l'on se trouvait alors, Amédéo eût pu craindre que les priviléges ecclésiastiques ne permissent pas au monarque de marcher contre un monastère; une circonstance favorable en laissait le pouvoir à Frédéric d'Arragon. Par une concession du Saint-Siége, les rois de Sicile étaient légats nés du pontife romain, tant pour le temporel que pour le spirituel; et, à cette faveur signalée était due la naissance du fameux tribunal, dit de la monarchie; là, en vertu des droits dont le prince est revêtu, il peut punir, condamner, excommunier ou absoudre tous les ecclésiastiques de cette île, depuis le simple prêtre jusqu'aux évêques, archevêques et cardinaux. Les abbés réguliers y furent soumis comme les autres; et ce pouvoir unique et extraordinaire doublait la puissance royale; aussi était-ce sur cette puissance que Grimani fondait son principal espoir. Il ne doutait pas que s'il s'échappait de la forêt sombre, bientôt il n'y reparût suivi des soldats du roi, et précédé des foudres spirituelles; aussi conjurait-il le ciel de lui permettre de voler au secours de son malheureux ami. Il se reprochait, avec quelque raison, de l'avoir contraint à faire la démarche qui l'avait perdu.

Ces diverses réflexions se firent dans le cœur d'Amédéo plus rapidement que nous ne pouvons les écrire; et durant ce temps il cherchait à écouter la conversation de son hôte et des brigands qui continuaient. Stéphano parut recevoir avec surprise les nouvelles diverses apportées par les arrivans; puis ayant l'air d'abonder dans leur sens, il s'écria: « Enfin je puis donc connaître la cause du malheur arrivé à notre brave ami Jacomo. »

— « Que lui est-il survenu, dirent les bandits avec empressement?

— « Hélas! le pauvre garçon! le voilà

couché sur ce lit, avec une large blessure dans le flanc, et si faible encore que je n'ai pu en tirer une parole. « J'allais au moment du coucher du soleil chercher des plantes que j'avais mises à sécher dans les rochers qui sont ici derrière. Là, j'ai trouvé ce brave ami étendu et sans connaissance; son épée sanglante était auprès de lui, et du sang inondait la terre, autour. J'ai essayé de le secourir; et puis, avec beaucoup de peine, je suis parvenu à le porter jusqu'ici, me perdant dans mille conjectures, et ne pouvant deviner la main qui l'avait ainsi frappé. »

Ce récit parut si naturel que nul des interlocuteurs n'éleva de doutes sur sa véracité; ils se rapprochèrent de Jacomo, et décidèrent qu'ils passeraient la nuit à le veiller. Malgré la peine qu'une résolution pareille pouvait causer à Stéphano, il n'eut garde de la faire paraître. Cependant il se hasarda de leur dire : « A votre place, je ferais mieux encore; au lieu de rester ici près de notre malade, j'irais chercher à le venger; son assassin ne doit pas être loin. Ce doit être le même, selon toute apparence, qui aura frappé Négroni; et comme il doit errer à l'aventure dans une forêt dont les routes lui sont inconnues, vous le rejoindriez facilement. »

Les brigands écoutèrent Stéphano; mais ils ne suivirent pas en tout son avis; l'un d'eux se décida à sortir pour aller diriger ses camarades, répandus aux environs, et l'autre voulut demeurer dans la chaumière; il fallut bien se résigner à les laisser agir à leur guise; et Stéphano voyant que le blessé ne parlait pas, voulut revenir vers Amédéo, se rappelant que celui-ci l'attendait, et qu'il devait pareillement souffrir de ses blessures non encore pansées; mais le bandit l'arrêta.

« N'avez-vous pas vu, lui dit-il, le frère noir qui accompagnait Jacomo, lorsque nous l'avons rencontré tantôt. » — « Non, répliqua le vieillard, notre ami, comme je vous l'ai dit, était seul; on a dû l'attaquer après qu'il se sera séparé de ce religieux dont vous me parlez; mais du reste, il ne tardera pas à reprendre la parole, et nous pourrons l'interroger. »

Ce que Stéphano avait prévu arriva, le blessé, soit qu'en effet il revint alors à la vie, soit qu'il jugeât convenable de paraître faire attention à ce qui se passait autour de lui, poussa un profond soupir, ouvrit les yeux, et demanda où il était.

« Soyez tranquille, dit Stéphano, vous êtes en lieu de sûreté; je suis le vieux de la cabane, et voilà Claudio qui veille auprès de vous.

— « Ah! tant mieux, reprit Jacomo; mais l'a-t-on arrêté celui qui a pris soin de m'arranger de la sorte?

—Comment aurait-on pu le faire, dit l'impatient Claudio, puisqu'on t'a trouvé tout seul avec la mort qui déjà rôdait autour de toi.

— « Il se sera donc sauvé, ce misérable fourbe dont j'ai été la première dupe.

—« Et de qui parles-tu, s'écria Claudio, est-ce du marquis Lorédan ou de son compagnon de voyage?

— Quoiqu'il m'ait accommodé de la bonne sorte, je ne le connais pas davantage; mais s'il est habile menteur, il sait encore mieux se battre, et si l'on n'y met bon ordre, il nous arrangera joliment s'il peut nous rencontrer l'un après l'autre. »

Ici Jacomo s'arrêta, ayant peine à s'exprimer; et Amédéo, vivement intrigué par ses paroles, désirait qu'il continuât; il ne le fit pas long-temps languir; et après un instant de repos il reprit en ces termes :

« Te souviens-tu, Claudio, de ce Frère Noir qui était avec moi lorsque tu m'as rencontré? »

— « Oui, sans doute; n'était-ce pas un protégé du père prieur. J'allais te demander ce qu'il était devenu, et s'il l'avait quitté avant le moment où l'on l'avait frappé.

« Ne t'embarrasse pas de lui, et je te souhaite de ne pas te trouver face à face avec cet homme; car s'il n'est pas le diable en personne, il est au moins l'un de ses plus chers favoris.

— « Que veux-tu dire?

— Que ce Frère Noir n'était pas de nótre bande, mais bien le plus enragé de nos ennemis. C'est lui qui m'a fait croire, à l'endroit où je l'ai rencontré, qu'il était l'ami du prieur. C'est lui qui s'est mis sous ma sauve-garde, et qui, après avoir tué Négroni, a voulu m'accommoder a la même sauce; il a fondu sur moi comme un lion, et m'ayant blessé, il a couru à travers les rochers parmi lesquels je l'ai vu disparaître. »

Un évanouissement profond lui coupa la parole; et Stéphano, après lui avoir fait reprendre ses sens, l'engagea à se taire, puisqu'il n'y avait plus rien à apprendre de lui.

Claudio allait et venait dans la chambre, en jurant après le misérable fourbe qui les avait tous joués. Deux fois son impatience le conduisit vers la salle où était Amédéo, et deux fois celui-ci portant la main sur son épée, se prépara à se défaire de ce troisième ennemi; mais il n'eut pas besoin d'en venir à cette extrémité. Stéphano remplissant la coupe du bandit d'un vin capiteux, le fit boire si fréquemment, qu'il ne tarda pas à lui voir fermer les yeux; et malgré sa résolution de veiller auprès de Jacomo, il s'endormit lui-même.

Dès que Claudio fut assoupi, Stéphano courut au lieu où était Grimani, et lui faisant signe de se taire, il le ramena vers la massive armoire, l'ébranla facilement en la faisant tourner sur un pivot, et par derrière on trouva une porte étroite qui, étant ouverte, donna passage dans une vaste grotte creusée par la nature dans les rochers; il y avait un lit, quelques meubles, une table que Stéphano couvrit de vivres ; et, laissant la lampe à Amédéo, il repassa dans la chaumière, plaça l'armoire, et dès-lors crut son hôte en sûreté.

Grimani satisfait de se trouver dans ce lieu qui lui parut inaccessible; vaincu également par la fatigue et le besoin, oublia un peu ses inquiétudes; et après avoir pris quelque nourriture, tomba dans un léthargique sommeil.

FIN DU PREMIER VOLUME.

ROMANS NOUVEAUX

ET D'ASSORTIMENT,

Qui se trouvent à la Librairie théâtrale et romantique de POLLET.

MARESKA ET OSCAR, histoire suédoise, par Mme *Adèle Daminois*, auteur d'*Alfred et Zaïda*; 4 vol. in-12, fig. . . 10 »

ALFRED ET ZAÏDA, 3 vol. in-12. . . . . 6 »

LE STRATAGÈME, *ou* le Château de Montyvon, par Mme *de Cueüllet*, auteur de *Rose Mulgrave*; 4 vol. in-12, fig. . . . . 10 »

ROSE MULGRAVE, 4 vol. in-12, fig. . . . . 10 »

LE REMORDS, roman historique, par Mme la comtesse de *Choiseul*, auteur d'*Oréna*; 3 vol. in-12, fig. 7 50

ORÉNA *ou* l'Assassin du Nord; 4 vol. in-12, fig. . . 10 »

MADEMOISELLE DE MONTDIDIER, *ou* la Cour de Louis XI, par Mme *Barthélemy Hadot*, auteur des *Brigands anglais*, de *Laurence de Sully*, etc.; 5 vol. in-12, fig . . . . 12 »

LES BRIGANDS ANGLAIS, *ou* la Bataille de Hastings, 4 vol. in-12, fig. . . . . 10 »

LAURENCE DE SULLY, *ou* l'Ermitage en Suisse, 4 vol. In-12, fig. . . . . 10 »

ELÉONORE DE BEAUVAL, *ou* les Crimes d'un Ambitieux, par Mme *Louise Dauriat*, auteur de *Charles de Valence*; 4 vol. in-12, fig. . . . . 10 »

L'ILE DES MONSTRES, conte de Mme la comtesse de *Genlis*; 1 vol. in-12, huit figures. . . . . 4 »

FRÉDÉRIQUE, *ou* le Trésor de la famille Lowembourg, par Mme *Armande Roland*, auteur d'*Alexandra*, ou *la Chaumière russe*, etc., etc., 4 vol. in-12, fig. . . . . 12 »

MARGUERITTE AIMOND, 2 vol. in-12, fig. . . . . . . 6 »

ROMANS NOUVEAUX

Qui se trouvent à la librairie théâtrale et romantique de POLLET.

LÉONIDE, *ou* la Vieille de Surêne, par *V. Ducange*; 5 vol in-12, fig.	15	»
LE TARTARE, *ou* le Retour de l'Exilé, par *A. de Viellerglé*; 4 vol. in-12.	10	»
LA SŒUR DE St.-CAMILLE, *ou* la Peste de Barcelonne, par feu le chevalier de *Propiac*; 2 vol. in-12.	6	»
LES DEUX FORÇATS, *ou* le dévouement fraternel; histoire de deux amans du Puy-de-Dôme, publiée par *Henry-Simon*; 2 vol. in-12.	5	»
MICHEL ET CHRISTINE, etc., 3 vol. in-12.	7	50
LE CENTENAIRE, ou les Deux Beringheld, par Horace de Saint-Aubin, 4 vol. in-12. . . .	10	»
ISABELLE HASTINGS, par *Williams Godwin*; 4 vol. in-12. . . .	10	»
LE SERF du 15e. Siècle, par *Dinocourt*; 4 vol. in-12, fig. . . .	10	»
LE CAMISARD, par le même, 4 vol. in-12, fig.	10	»
L'HOMME DES RUINES, par le même; 4 vol. in-12, fig. . .	12	»

	f. c.
LE LIGUEUR, par le même; 4 vol. in-12, fig.	12
L'ETENDARD DE LA MORT, *ou* le Monastère des Frères Noirs, par *Delamothe Langon*; 4 vol. in-12. . .	12
COLAS ET COLETTE, ou les Heureuses Victimes, par M. Fourquet-d'Hachette; 2 vol. in-1	5
MARESKA ET OSCAR, histoire suédoise, par Mme. *Adèle Daminois*, 4 vol. in-12, fig.	10
LE STRATAGEME, ou le Château de Montymon, par Mme. *Adèle de Cueüllet*, 4 vol. in-12. fig.	10
ROSE MULGRAVE, 4 vol. in-12; fig. . .	10
LE REMORDS, roman historique, par Mme. la comtesse de Choiseul, 4 vol. in-12, fig.	8
ORÉNA, ou l'Assassin du Nord; 4 vol. in-12, fig.	10
MADEMOISELLE DE MONDIDIER, ou la Cour de Louis XI, par Mme. *Barthélemy Hadot*, 5 vol. in-12, fig. . . .	12
LES BRIGANDS ANGLAIS, ou la Bataille de Hastings; 4 vol. in-12, fig. . . .	10
LAURENCE DE SULLY, on l'Ermitage en Suisse, 4 vol. in-12, fig.	10
ELEONORE DE BEAUVAL, ou les Crimes d'un Ambitieux, par Mme *Louise Dauriat*, 4 vol. in-12, fig.	10
LA CONJURATION D'AMBROISE, par Mademoiselle *H. Allard*, 1 vol. in-12.	3

fr. c.

L'Ile des Monstres, conte de Mme de *Genlis*; 1 vol. in-12, huit fig. 4

Le Dictionnaire des Romans, très-utile pour faire un bon choix de lecture, et connaître les ouvrages des auteurs; 1 vol. in-8°, deux colonnes. 4

Frédérique, ou le Trésor de la Famille Lowembourg, par Mme *Armande Roland*, auteur d'*Alexandra*, ou la Chaumière Russe, etc.; 4 vol.; fig. 12

Sous Presse :

La Luthérienne, ou la Famille Morave, par *Victor Ducange*, 4 vol. in-12. 12

Cet ouvrage, que nous avons déjà annoncé plusieurs fois, paraîtra incessamment.

Le Libraire POLLET *est aussi éditeur des Pièces ci-après :*

	fr.	c.
ACCORDÉE (l') DE VILLAGE, com.-vaud. en un acte, de MM. Brazier, Carmouche et Jouslin de la Salle	1	50
ALI-BABA, ou les Quarante Voleurs, mélodrame en trois actes, à spectacle, par M. Guilbert de Pixerécourt.	1	»
AMOUR MENDIANT (l'), ou les Deux chercheurs d'esprit, pantomime-ballet en un acte, par M. Cuvelier.	»	50
ARMURE (l'), ou le Soldat Moldave, mélodrame en trois actes, de MM. Cuvelier et Léopold.	»	75
ARRACHEUR (l') DE DENTS, tableau-parade en un acte, mêlé de couplets, par MM. Charles et Ferdinand.	1	»
ATHÈNES A PARIS, ou le Nouvel Anachar-		

fr. c.

HUSSARDS (les) DANS L'ETUDE, folie-vaudeville en un acte, de MM. Jules et Henri. . 1 »

INCONNU (l') ou les Mystères, mélodrame en trois actes, par MM. Boulé, Mathias et Varez. . . . . 1 »

INVALIDES (les), où Cent ans de Gloire, tableau-militaire en deux actes, par MM. Merle, Boirie, Ferdinand et H. Simon. 1 50

JEANNE HACHETTE, ou l'Héroïne de Beauvais, mélodrame en trois actes, par M. Duperche. . . . . 1 »

JEANNE SHORE, mélodrame en trois actes, par MM. Jouslin de la Salle, Hyacinthe et Alphonse. . . . . 1 »

JOUEUR D'ORGUE (le) mélodrame en trois actes, par MM. Chédel et Rigaud. . . 1 »

LEYCESTER DU FAUBOURG (le), vaud.-grivois en un acte, par MM. Henri et Carmouche. 1 50

LISBETH, ou la Fille du Laboureur, mélodrame en trois actes, de Victor Ducange, tiré de Léonide, du même auteur. . . 1 »

LOUISE, ou le Père Juge, mélodrame en 3 actes, de MM. St.-Hilaire et Hyacinthe 1 »

MANSARDE (la) DES ARTISTES, com.-vaud. en un acte, de MM. Scribe, Dupin et Varner. 50 c.

MAUVAIS SUJET (le), vaudeville tiré du roman de Léonide, par MM. Frédéric et Edmond Crosnier . . . . . 1 »

fr. c.

	fr.	c.
MEURTRIER (le), ou le Dévouement Filial, mélodrame en trois actes, à grand spectacle, par MM. Edmond Crosnier et Saint-Hilaire	1	»
MICHEL ET CHRISTINE, vaudeville en un acte, de MM. Scribe et Dupin	1	50
OGIER LE DANOIS, ou le Temple de la mort, mélodrame en trois actes, par MM. Cuvelier et Léopold	»	75
OUI (le) DES JEUNES FILLES, vaudeville en un acte, par MM. Dupeuty, Villeneuve et Jouslin de la Salle	1	50
OURIKA, ou la Négresse, drame en un acte, par MM. Dupeuty et Villeneuve	1	50
PAOLI, ou les Corses et les Génois, mélodrame en trois actes, par M. Frédéric	1	»
PARTIE FINE (la) ou le Ménage du marais, vaudeville en un acte, de MM. Carmouche et de Courcy	1	25
PAUVRE BERGER (le), mélodrame historique en trois actes, par MM. Daubigny, Carmouche et Hyacinthe	1	»
PAUVRE FAMILLE (la), mélodrame en trois actes, par MM. Benjamin et Melchior	1	26
PAVILLON (le) DE FLEURS, ou les Pêcheurs de Grenade, comédie en un acte et en prose, mêlée d'ariettes, par R. C. Guil-		

	fr.	c.
bert de Pixerécourt, musique posthume de Dalayrac.	2	»
PETIT ESPIÈGLE (le) et la Bonne Sœur, enfantillage en un acte, mêlé de couplets, par MM. Maréchalle et Ch. Hubert. . .	»	75
PÉNÉLOPE DE LA CITÉ (la), vaudeville en un acte, par MM. Duval, Rochefort et Jouslin de la Salle.	1	50
POLICHINELLE VAMPIRE, ballet-pantomime en un acte, par M***.	»	30
PRÉCAUTIONS DE MA TANTE (les), vaudeville en un acte, par MM. Décour et Ch. Hubert.	1	»
PRÉCEPTEUR DANS L'EMBARRAS (le), comédie-vaudeville en un acte, par MM. Ménissier, Ernest et Saint-Léon.	1	»
PRISE (la) DE CORPS, ou la Fortune inattendue, comédie en un acte, de M. Léopold.	»	50
REMORDS (le), mélodrame en trois actes, à spectacle, de M. Léopold.	1	»
RODOLPHE, ou Frère et Sœur, drame en un acte, par MM. Scribe et Mélesville. .	1	50
RETOUR (le), on la Suite de Michel et Christine, comédie-vaudeville en un acte, par MM. Scribe et Dupin.	1	50
ROSSINI A PARIS, ou le Grand Dîner, à-propos-vaudeville en un acte, par MM. Scribe et Mazères.	1	50

	fr. c.
SOLITAIRE (la), ou le Morceau d'Ensemble, comédie-vaudeville en un acte, de MM. Merle, Carmouche et Courcy.	1 50
SYDONIE, ou la Famille Meindorff, pièce en 3 actes, de MM. Cuvelier et Léopold. . .	» 75
TRINGOLINI, ou le Double Enlèvement, mélodrame comique en trois actes, par M. Saint-Hilaire.	1 »
VALERIEN, ou le Jeune Aveugle, drame en deux actes, par MM. Carion-Nisas et T. Sauvage.	1 »
VENDREDI d'un Usurier (le), comédie en un acte, de MM. Henri et Jules. . . .	1 »
VERITE (la) DANS LE VIN, ou le Déjeûner d'Huîtres, comédie-vaudeville en un acte, par MM. Scribe et Mazères. . .	1 50

fr. c.

sis, par MM. de Rougemont, Gabriel et Sauvage 1 50

AUBERGE DES ADRETS (l'), mélodrame en trois actes, par MM. Benjamin, Saint-Amand et Polyanthe. . . . . 1 »

AUVERGNAT (l') ou le Marchand de peaux de lapin, comédie en un acte et en prose, de MM. Maréchalle et Auguste G***. . . » 75

BARBE-BLEUE, folie-féerie en deux actes, mêlée de chants, précédée d'un COUP DE BAGUETTE, prologue en un acte, par MM. Frédéric et Brazier. . . . . 1 »

CHACUN SON NUMÉRO, ou le Petit homme gris, comédie-vaudeville, en un acte, de MM. Boirie, Daubigny et Carmouche. 1 »

CHATEAU (le) DE KENILWORTH, mélodrame en 3 actes, de MM. Boirie et Lemaire. 1 »

CHATEAU (le) DE LOCH-LEVEN, mélodrame historique en trois actes, par M. Guilbert de Pixerécourt. 1 50

CINQ COUSINS (les) vaudeville-épisodique en un acte, de MM. Maréchalle et Ch. Hubert . . . . » 75

COIFFEUR (le) ET LE PERRUQUIER, vaudeville en un acte, de MM. Scribe et Mazères. . . 1 50

CONCERT DE VILLAGE (le), folie-vaudeville en un acte, par MM. Ch. Hubert et Prosper Mars. . . . . 1 »

	Fr. c.
Coq (le) de Village, tableau-vaudeville de Favart, avec des changemens de mm. Carmouche et de Courcy.	1 »
Courrier (le) de Naples, mélodrame historique en trois actes, par mm. Boirie, Daubigny et Poujol	» 75
Courtisans (les) ou la Barbe de Neptume, vaudeville en un acte, de mm. Dupin et J. T. Sauvage.	1 25
Cousine Supposée (la), comédie en un acte et en prose, par mm. René-Perrin, Villard et Adrien.	1
Cuisinier de Buffon (le) vaudeville en un acte, par mm. Rougement, Merle et Simonin	1 »
Démoiselle (la) et la dame, ou Avant et Après, comédie-vaudeville en un acte, par mm. Scribe, Dupin et F. de Courcy.	1 50
Dernier (un) Jour de Fortune, com-vaud. en un acte, par mm. Scribe et Dupaty. . .	1 50
Deux (les) Coups de sabre, mélodrame en trois actes, de mm. Charles et Antoine.	1 »
Deux Etudians (les) ou le Portrait de mon Oncle, comédie en un acte et en vers, de mm. Amédée et Jouslin de la Salle. . .	1 50
Deux Fermiers (les), ou la Forêt de Saint-Vallier, mélodrame en trois actes, par	

	fr.	c.
MM. Dubois, Ménissier et Saint-Ange-Martin	1	»
DEUX FORÇATS (les), ou la Meunière du Puy-de-Dôme, mélodrame en trois actes, par MM. Boirie, Carmouche et Poujol. . .	1	25
DEUX SERGENS (les), mélodrame en trois actes, à spectacle, par M. Daubigny. .	1	25
DÉVOUEMENT FILIAL, ou Marseille en 1720, mélodrame en un acte, par MM. Henri-Simon et Ferdinand.	»	75
DINER D'EMPRUNT (le), ou les Gants et l'Epaulette, vaudeville en un acte, de MM. Décour et Ch. Hubert.	1	50
DUEL (le) ET LE BATÊME, drame en trois actes et en prose, par MM. Mélesville, Merle et Boirie.	1	»
ELODIE, ou la Vierge du Monastère, mélodrame en trois actes à grand spectacle, imité du Solitaire de M. d'Arlincourt, précédé de la Bataille de Nancy, prologue en un acte, par Victor Ducange. .	1	»
ENSORCELÉS (les), ou les Amans Ignorans, vaudeville en un acte, de Mlle. Favart, avec des changemen., par MM. Dupin et Sauvage.	1	»
ERMITE (l') ET LA PÉLERINE, vaudeville en un acte, par MM. Merle, Carmouche et de Courcy.	1	»

à décoller

fr. c.

Eustache de Saint-Pierre, mélodrame en trois actes, par M. Hubert. . . . . . 1 »

Fausse Clef (la), ou les deux Fils, mélodrame en trois actes, par MM. Frédéric et Laquerye. 1 25

Famille Menzicoff (la), ou les Arrêts du destin, mélodrame en trois actes, par M. Duperche 1 25

Fanny, mélodrame en trois actes, par MM. Saint-Victor et Armand. 1

Femmes (les), ou le Mérite des Femmes, com.-vaud. en 2 actes, de M. Benjamin, 1 25

Fermière (la), ou Mauvaise Tête et Bon Cœur, vaudeville en un acte, par MM. Brazier et Emile-Vander-Burch. . . 1 »

Fiancés (les) Tyroliens, ou les Deux Bouquets, tableau en un acte, mêlé de couplets, de MM. Brazier et Dubois. . . 1 »

Fille a marier (la), ou la Double Education, com.-vaud. en un acte, par MM. Ménissier, St.-Hilaire et Ferdinand. . . 1 »

Fondé (le) de Pouvoirs, comédie-vaudeville en un acte, par M. Carmouche. . 1 »

. . 1 50

Grisettes (les) vaudeville en un acte, par MM. Scribe et Dupin 1 50

Héritière (l'), comédie-vaudeville en un acte, par MM. Scribe et G. Delavigne. . 1 50

CATALOGUE

Des Romans publiés par l'Auteur du Monastère des Frères Noirs, qui se trouvent chez le même Libraire.

Clémence Isa e, 3 vol. in-12.......... publié en 1808.

Gabriel, ou Fanatisme, 4 vol. in-12... — 1809.

L'Ermite a Tombe.................. — 1814.

Tête de , ou la Croix du Cimetière de Sa drien, 4 vol. in-12.......... — 1816.

Les Che ers du Temple, ou les Mystères de la our de Saint-Jean, 4 vol. in-12.. — 1819.

Maître Étienne, ou les Fermiers et les Châtelains, 4 vol. in-12.............. — 1819.

Jean de Procida, 4 vol. in-12.......... — 1820.

La Vampire, ou la Vierge de Hongrie, 4 vol. in-12......................... — 1824.

IMP. DE DAVID, RUE DU FAUB. POISSONNIÈRE, N° 1.

www.ingramcontent.com/pod-product-compliance
Lightning Source LLC
LaVergne TN
LVHW020554230826
846091LV00002B/486

* 9 7 8 2 0 1 1 8 6 7 0 7 0 *